Stabile Weltfinanzen?

Die Debatte um eine neue internationale Finanzarchitektur

Springer
*Berlin
Heidelberg
New York
Barcelona
Hongkong
London
Mailand
Paris
Singapur
Tokio*

Michael Frenkel · Lukas Menkhoff

Stabile Weltfinanzen?

Die Debatte um eine neue internationale
Finanzarchitektur

Mit 10 Abbildungen
und 7 Tabellen

 Springer

Prof. Dr. Michael Frenkel
WHU Koblenz
Lehrstuhl für Volkswirtschaftslehre, insbes.
Makroökonomik und Internationale Wirtschaftsbeziehungen
Burgplatz 2
D-56179 Vallendar

Prof. Dr. Lukas Menkhoff
RWTH Aachen
Lehr- und Forschungsgebiet Volkswirtschaftslehre
Templergraben 64
D-52056 Aachen

ISBN 3-540-66914-0 Springer-Verlag Berlin Heidelberg New York

Die Deutsche Bibliothek - CIP-Einheitsaufnahme
Frenkel, Michael; Menkhoff, Lukas: Stabile Weltfinanzen? Die Debatte um eine neue internationale Finanzarchitektur / Michael Frenkel; Lukas Menkhoff. - Berlin; Heidelberg; New York; Barcelona; Hongkong; London; Mailand; Paris; Singapur; Tokio: Springer, 2000
ISBN 3-540-66914-0

Dieses Werk ist urheberrechtlich geschützt. Die dadurch begründeten Rechte, insbesondere die der Übersetzung, des Nachdrucks, des Vortrags, der Entnahme von Abbildungen und Tabellen, der Funksendung, der Mikroverfilmung oder der Vervielfältigung auf anderen Wegen und der Speicherung in Datenverarbeitungsanlagen, bleiben, auch bei nur auszugsweiser Verwertung, vorbehalten. Eine Vervielfältigung dieses Werkes oder von Teilen dieses Werkes ist auch im Einzelfall nur in den Grenzen der gesetzlichen Bestimmungen des Urheberrechtsgesetzes der Bundesrepublik Deutschland vom 9. September 1965 in der jeweils geltenden Fassung zulässig. Sie ist grundsätzlich vergütungspflichtig. Zuwiderhandlungen unterliegen den Strafbestimmungen des Urheberrechtsgesetzes.

© Springer-Verlag Berlin Heidelberg 2000

Die Wiedergabe von Gebrauchsnamen, Handelsnamen, Warenbezeichnungen usw. in diesem Werk berechtigt auch ohne besondere Kennzeichnung nicht zu der Annahme, daß solche Namen im Sinne der Warenzeichen- und Markenschutz-Gesetzgebung als frei zu betrachten wären und daher von jedermann benutzt werden dürften.

Umschlag: Erich Kirchner, Heidelberg

SPIN 10755322   42/2202-5 4 3 2 1 0 - Gedruckt auf säurefreiem Papier

Vorwort der Autoren

Das Thema einer Neuen Internationalen Finanzarchitektur findet in der Politik, Wissenschaft und Öffentlichkeit große Aufmerksamkeit. Die Währungs- und Bankenkrisen der letzten Jahre haben den Problemdruck bewirkt, unter dem vielfältige Ideen entwickelt oder wieder neu belebt worden sind. Die dadurch entstandenen zahlreichen Beiträge haben allerdings auch eine enorme Unübersichtlichkeit hervorgerufen. Einige Vorschläge zielen auf die Schaffung oder Reform von Institutionen ab, andere auf eine stärkere Regulierung von Märkten, wieder andere auf ein schnelleres Erkennen von sich anbahnenden Krisen und eine erweiterte Einbeziehung der für eine Krisenbewältigung verantwortlichen Gruppierungen. Ein wesentliches Ziel des vorliegenden Buches besteht deshalb darin, wichtige Reformvorschläge in einen größeren Zusammenhang zu stellen und damit zu ordnen.

Ein weiteres Ziel hat mit den spezifischen Interessenlagen und Blickwinkeln vieler Beteiligter an dieser Debatte zu tun. Dies führt häufig dazu, daß die Dinge allzu sehr vereinfacht werden – das mag die Verkäuflichkeit der Ware auf dem Markt der Medien erhöhen, trägt aber kaum zu einer rationalen Lösung bei. Als Wissenschaftler haben wir den Vorteil, uns mit weniger Restriktionen über jeweilige Stärken und Schwächen einzelner Vorschläge äußern zu können.

Schließlich war es nicht unsere Absicht (und auch nicht unser Auftrag), den vielen Ideen einen weiteren Vorschlag hinzuzufügen. Vielmehr soll die Argumentation verdeutlichen, daß es sehr wohl mehrere in sich schlüssige Konzepte für eine Reform des Weltfinanzsystems gibt. Welches man davon präferiert, hängt von den verfolgten Zielsetzungen und der Einschätzung der Handlungsspielräume ab. Wenn wir am Ende doch auch eine von uns präferierte Reformrichtung erkennen lassen, dann nicht zuletzt mit dem Ziel, die eigene Position transparent zu machen, die in die Analyse sicher mit eingeflossen ist.

Die vorliegende Arbeit ist aufgrund eines Forschungsauftrags der Friedrich-Ebert-Stiftung entstanden und stellt zugleich den entsprechenden Bericht dar.

Wir danken unserem Ansprechpartner in der Stiftung, Herrn Dr. Alfred Pfaller, für die wertvollen inhaltlichen und redaktionellen Anregungen, sowie für die Organisation einer internationalen Tagung in Brüssel, die unser Arbeitsergebnis erheblich verbessert haben. Wir danken ferner Frau Kerstin Frank für ihr geschicktes und geduldiges Layouten des Textes. Schließlich sind wir der Friedrich-Ebert-Stiftung verbunden, daß sie die Drucklegung zu dem - für eine wissenschaftliche Arbeit - relativ günstigen Preis ermöglicht hat.

Michael Frenkel und Lukas Menkhoff

Koblenz, Aachen, Januar 2000

Inhaltsverzeichnis

Vorwort der Autoren   V

1 Grundlagen   1
    1.1 Die Ausgangssituation   *1*
    1.2 Zum gegenwärtigen Reformbedarf der internationalen Finanzmärkte   *3*
    1.3 Struktur des weiteren Vorgehens   *10*

2 Weltwährungs- und Weltfinanzordnung im Konzept der "impossible trinity"   11
    2.1 Die währungspolitische Konsequenz aus der impossible trinity   *11*
    2.2 Begründung der Einzelziele der impossible trinity   *13*
    2.3 Die Weltfinanzordnung in der "impossible trinity"   *16*
    2.4 Strukturierung der Reformvorschläge   *19*

3 Reformvorschläge der mikroökonomischen Governance   21
    Verbesserung der Transparenz   *22*
    3.2 Verwendung von Frühwarnindikatoren für Krisen   *24*
    3.3 Verbesserung der Finanzmarktregulierung   *33*

4 Reformvorschläge der makroökonomischen Governance   51
    4.1 Wechselkurszielzonen   *52*
    4.2 Regulierung des Kapitalverkehrs   *60*
    4.3 Welche Rolle für den IWF?   *74*
    4.4 Die stärkere Einbindung des privaten Sektors   *93*
    4.5 Die Schaffung einer World Financial Authority   *100*

5 Realisierbare umfassende Reformskizzen   102
    5.1 Vergleich wesentlicher Reformvorschläge   *102*
    5.2 Konsensfähige Einschätzungen in den einzelnen Reformbereichen   *107*
    5.3 Überlegungen zu weitergehenden Optionen   *110*

6	Fazit und eigene Empfehlung	113
7	Abbildungs- und Tabellenverzeichnis	118
8	Links	119
9	Literaturverzeichnis	123
10	Sachverzeichnis	130

1 Grundlagen

1.1 Die Ausgangssituation

Die beiden letzten Jahrzehnte lassen sich als eine Phase der Liberalisierung der Weltfinanzmärkte kennzeichnen. Aus theoretischer Sicht war diese Liberalisierung mit Hoffnungen auf eine Effizienzverbesserung verknüpft. Wesentliche Gründe hierfür sind ein Zurückdrängen sachfremder politischer Eingriffe in Märkte, sowie eine Steigerung der Markteffizienz durch Marktöffnung, erhöhte Markttiefe und erweiterte Marktbreite.

Gleichzeitig ist es in der jüngeren Vergangenheit zu einigen schwerwiegenden Krisen auf den internationalen Finanzmärkten gekommen, wie dem kleinen Aktienmarktcrash im Jahr 1987, dem dauerhaften Absturz der japanischen Börse Anfang der 90er Jahre, den Krisen im *Europäischen Währungssystem* (EWS) 1992/93, dem Einbruch auf den Rentenmärkten 1994, der lateinamerikanischen *Tequilakrise* 1995, der Asienkrise seit 1997 sowie ihren Folgekrisen in anderen "emerging markets" und dem Beinahe-Zusammenbruch des großen Spekulationsfonds LTCM (Long-Term Capital Management) 1998. Diese Koinzidenz legt die Frage nahe, ob und inwieweit es sich auch um eine kausale Verbindung handelt. Wäre die Liberalisierung für die Häufung schwerwiegender Krisen verantwortlich, so könnten sich daraus gravierende wirtschaftspolitische Konsequenzen ergeben.

Tatsächlich werden im politischen Raum massive Reformen gefordert, auf die wir an späterer Stelle näher eingehen. Dazu zählen nicht zuletzt Initiativen des US-Präsidenten Clinton, des britischen Premiers Blair, des japanischen Premiers Obuchi sowie die gemeinsame Initiative des französischen und deutschen Finanzministers. Aber auch aus den Politikinstitutionen wie dem Internationalen Währungsfonds (IWF), der Bank für Internationalen Zahlungsausgleich (BIZ) oder der Deutschen Bundesbank gibt es kritische Stimmen zur gegenwärtigen Lage. Selbst führende Vertreter des deutschen Kreditgewerbes fordern gewisse Korrekturen auf den internationalen Finanzmärkten. Diese hier nur angedeuteten Initiativen stützen bzw. beziehen sich auf Ideen, die auch in wissenschaftlichen Stellungnahmen untersucht worden sind. Eine zentrale Aufgabe dieser

Studie besteht darin, diese Stimmenvielfalt zu ordnen, um somit einen systematischen Überblick zu ermöglichen.

Dabei ist zu fragen, wie weit der Kreis an berücksichtigten Reformvorschlägen gezogen werden soll. Thematisch geht es um das Weltfinanzsystem, doch scheint uns eine Beschränkung auf reine Finanzmärkte zu eng. Vielmehr sind internationale Finanzmärkte in das weitere Feld internationaler monetärer Ordnung eingebunden. Insofern dürfte die Fokussierung auf Weltwährungsordnungen, innerhalb derer Finanzmärkte einen zentralen Stellenwert haben, sinnvoll sein. Diese Erweiterung stellt geradezu selbstverständlich die komplexen Beziehungen zu anderen ökonomischen Bereichen, wie der Stabilisierungspolitik, her.

Daraus ergeben sich drei Konsequenzen in unseren Überlegungen:

- Erstens gibt es keine immer und überall beste Währungsordnung oder ein solches Weltfinanzsystem. Vielmehr sind auch Präferenzen über konkurrierende wirtschaftspolitische Ziele involviert.

- Zweitens besteht eine Aufgabe der Wirtschaftspolitik darin, unter den jeweiligen Umständen Institutionen zu schaffen, die die Austauschbeziehungen zwischen Zielen so verbessern, daß sozusagen mehrere Ziele gleichzeitig erreicht werden.

- Schließlich impliziert dies aber keine wirtschaftspolitische Beliebigkeit: Vielmehr sind die jeweiligen institutionellen Bedingungen zu analysieren, um vergleichsweise geeignete Regimes zu identifizieren.

Aus diesen einleitenden Gedanken ergeben sich inhaltliche und strukturierende Vorstellungen. Inhaltlich folgt bereits aus der normativen Komponente, der immer nur graduellen Zielerreichung und den institutionellen Restriktionen, daß unsere Schlußfolgerungen keine Allgemeingültigkeit beanspruchen. Vielmehr möchten wir auf inhaltliche Zusammenhänge und sich daraus ergebende Gestaltungskonsequenzen hinweisen. Ferner geben wir auch eine bewertende Einschätzung, die allerdings nicht im Vordergrund steht. Diese Überlegungen finden vor dem Hintergrund einer Debatte statt, die sich mit dem gegenwärtigen Reformbedarf internationaler Finanzmärkte beschäftigt.

1.2 Zum gegenwärtigen Reformbedarf der internationalen Finanzmärkte

Die Diskussion um eine Reform des Weltfinanzsystems ist deshalb so in Schwung gekommen, weil es offensichtlich ein weit verbreitetes Empfinden gibt, daß dieses System nicht optimal funktioniert. In welchem Ausmaß allerdings Dysfunktionalität vorliegt, ist wiederum sehr strittig. Es ist in jedem Fall einleuchtend, daß die Analyse der Probleme den für sinnvoll gehaltenen Reformbedarf und damit die Reformvorschläge wesentlich prägt.

Die Unzufriedenheit mit dem Weltfinanzsystem bietet sich in ganz unterschiedlichen Perspektiven dar. Am geringsten ist sie wohl in den Stellungnahmen offizieller Organisationen, wie des *Internationalen Währungsfonds* (IWF), der G7-Verlautbarungen oder Äußerungen der Zentralbanken. Dies liegt sicherlich nicht zuletzt in entsprechenden Anreizen für diese Institutionen begründet: Zum einen weil diese Institutionen für das Ergebnis wesentlich mitverantwortlich sind. Zum anderen riskieren sie, Krisen regelrecht herbeizureden, indem Marktteilnehmer bei ihnen im Fall sehr negativer Stellungnahmen entsprechende private Informationen vermuten können.

Auf der anderen Seite des Spektrums werden dem (internationalen) Finanzsystem sozusagen immanente Defizite unterstellt. Diese Grundsatzkritik ist nicht leicht auf einen gemeinsamen Nenner zu bringen, aber man wird vielen Aspekten gerecht, wenn man diese Kritik als *"Abkoppelungshypothese"* bezeichnet. Demzufolge koppeln sich die Finanzmärkte von der Realwirtschaft ab, was für die Realwirtschaft erhebliche Kosten mit sich bringt. Die Elemente der Argumentation lassen sich als Abfolge von fünf Schritten typisieren (vgl. Menkhoff und Tolksdorf 1999):

- Liberalisierung, Internationalisierung, Übersparen, verkürzte Entscheidungshorizonte usw. sind die Ursachen für veränderte Bedingungen auf den Finanzmärkten.
- Diese Ursachen sind verantwortlich für ein zu starkes Wachstum des Finanzsektors (manchmal vereinfacht als überproportional in Relation zur Realwirtschaft quantifiziert).
- Dieses Wachstum hat schädliche Folgen für den Finanzsektor in Form von Krisen, steigender Volatilität und Preisen, die nicht die fundamentalen ökonomischen Sachverhalte widerspiegeln (siehe Box 1).

- Damit wird die realwirtschaftliche Allokation gestört und die Risikoprämie bspw. bei den Zinssätzen erhöht, was letztlich zu Wachstumseinbußen führt.
- Diesem Mißstand ist durch stärkere Regulierung der Finanzmärkte beizukommen.

> **Box 1: Finanzkrisen haben seit den 80er Jahren zugenommen**
>
>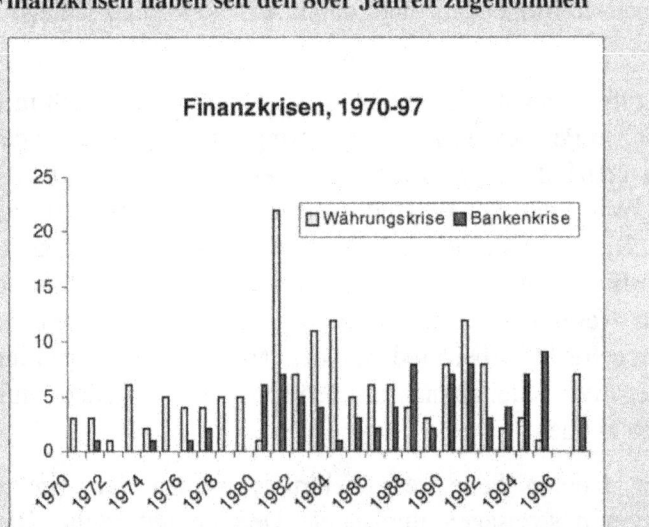
>
> Quelle: Caprio und Klingebiel (1996); Frankel und Rose (1996) und Kaminsky und Reinhart (1997)
>
> Wenn man bei Finanzkrisen zwei Typen unterscheidet, Währungs- und Bankenkrisen, so hat ihre Gesamtzahl seit den 80er Jahren erkennbar und nachhaltig zugenommen. Während es schon immer zahlreiche Währungskrisen gegeben hat, ist die Zahl der Bankenkrisen dramatisch in die Höhe geschnellt. Letzteres mag mit den Liberalisierungsanstrengungen vieler Länder zu tun haben, die in Übergangsphasen fast notwendigerweise Krisen heraufbeschwören. Die Gesamtzahl an Finanzkrisen mag auch durch die außenwirtschaftlichen Öffnungen der letzten 20 Jahre mitbedingt sein, die als unerwünschten Begleiteffekt eine größere Ansteckungsgefahr aus dem Ausland mit sich bringt.

Zwischen den Extremen – einerseits beruhigende Stellungnahmen offizieller Organisationen und andererseits das Krisenszenario einer Abkoppelung – gibt es ein weites Feld kritischer Beobachtungen, das wir für besonders relevant halten. Auf dieses wird – geordnet nach drei Themengruppen - eingegangen: In der ersten Gruppe steht die Aussage übermäßig und

1.2 Zum gegenwärtigen Reformbedarf der internationalen Finanzmärkte

zunehmend volatiler Finanzmärkte im Vordergrund. In der zweiten geht es darum, daß die Preise an den Finanzmärkten von den fundamentalen wirtschaftlichen Daten her oft nicht zu rechtfertigen seien. In der dritten Gruppe wird die Stabilität des Finanzsektors in Frage gestellt. Zu jeder dieser drei Themengruppen skizzieren wir einige Gedanken.

Die Aussage überhöhter *Volatilität* findet sich in praktisch jeder kritischen Reflektion der Finanzmärkte, ohne daß dafür immer die notwendigen Belege geliefert würden. Vielen erscheint die Aussage, mit Blick auf die schon erwähnten prägnanten Krisen, eine Selbstverständlichkeit zu sein. Dabei sollten aber immer zwei Dinge beachtet werden. Aus theoretischer Sicht bedarf es eines geeigneten Bewertungsmodells, das häufig nicht vorliegt, wie bei Wechselkursen, oder empirisch schwierig zu spezifizieren ist, wie langfristige Gewinnerwartungen und schwankende Risikoprämien bei Aktien. Auch wenn man auf einfache empirische Volatilitätsvergleiche abstellt, ist Vorsicht geboten. Untersuchungen der Deutschen Bundesbank (1996) zu verschiedenen Teilmärkten über eine längere Periode bestätigen bspw. nicht das Bild generell steigender Volatilität. Sicherlich gibt es immer Bereiche, in denen die Schwankungen zunehmen, aber man kann dies kaum als stilisiertes Faktum heutiger Finanzmärkte feststellen.

Nichtsdestoweniger gibt es Dinge, die zum Nachdenken Anlaß geben: So kann man die erhöhte Volatilität eines Systems flexibler Wechselkurse gegenüber einem Festkurssystem nicht darauf zurückführen, daß die fundamentalen Wirtschaftdaten (die "fundamentals") sich geändert hätten. Mit dem Übergang zu flexiblen Wechselkursen sind also volkswirtschaftliche Kosten verbunden (Flood und Rose 1995). Diese gilt es gegen mögliche Vorzüge, bspw. das Verhindern von unerwünschter importierter Inflation, abzuwägen.

Aus theoretischer Sicht bedürfen Volatilitätsuntersuchungen – wie erwähnt - eines Bewertungsmodells, das die gundlegende Frage der *Preisbildung* in den Vordergrund rückt. Bei allen Vorbehalten gegenüber der Aussagekraft derzeitiger Modelle scheint weitgehend konsensfähig, daß einige Preisverzerrungen – bzw. als andere Begriffe: Preisblasen ("*bubbles*") - feststellbar sind: Beispiele sind der US-Dollar-Aufschwung Mitte der 80er Jahre, der weltweite *Aktienmarktcrash* im Herbst 1987 oder die japanischen Aktienkurse der 80er und frühen 90er Jahre. Aus der Tatsache solcher Verzerrungen, wenn man dies so akzeptiert, läßt sich jedoch nicht auf die *Bewertungseffizienz* im allgemeinen schließen. Es gibt – im Gegenteil - zahlreiche Studien, die auf Aspekte funktionierender

Preisbildung hinweisen, so daß es schwer möglich scheint, ein generelles Urteil über das Ergebnis der Preisbildung zu fällen.

Box 2: Noise Trading als volkswirtschaftliches Problem?

Der Begriff "noise trading" ist noch relativ neu. Seine weite Verbreitung geht wohl auch auf die Ansprache des damaligen Präsidenten der American Finance Association Fischer Black (1986) zurück, der sie unter den Titel "noise" gestellt hatte. Eine naheliegende deutsche Bezeichnung wäre "Rauschen", das die Verbindung zum "weißen Rauschen" herstellt, d.h. Zufallsstörungen, die einen systematischen Zusammenhang beeinträchtigen. Diese Referenz stellen in der Finanzmarktliteratur die jeweils gängigen Modelle dar bzw. in allgemeinster Form die Hypothese effizienter Märkte. Deren Kennzeichen ist eine Preisbildung, die sich strikt an den Fundamentaldaten, d.h. ökonomisch relevanten Größen, orientiert. Da schon der Prozeß der Preisbildung in der Wirklichkeit mit Kosten verbunden ist, kann man nicht von perfekter Anpassung der Finanzmarktpreise an Fundamentaldaten ausgehen, wohl aber von einer Annäherung. Diese Differenz zwischen Modell und Realität kann man als Störung bzw. als "noise" bezeichnen.

> *Noise Trader:*
> - nutzen volkswirtschaftlich irrelevante Informationen: Chart-Analyse
> - eingeschränkt rationales Verhalten, z.B. übertriebene Risikobereitschaft
>
> *Fundamentalisten:*
> - nutzen ökonomische Informationen ("fundamentals")
> - rationales Verhalten, bspw. zur Risikoeinschätzung

Volkswirtschaftlich interessant ist "noise" aber vor allem dann, wenn es den Preisbildungsprozeß systematisch und erheblich beeinträchtigt. Dabei sind Einschränkungen zu beachten: Erstens bewirkt uninformiertes Handeln, selbst wenn es weit verbreitet sein sollte, wenig, so lange es zufällig auftritt und sich damit weitgehend gegenseitig ausgleicht. Zweitens können auch viele schlechter informierte Marktteilnehmer die Preise nicht unbedingt beeinflussen, da deren Transaktionen einen starken Anreiz für die besser informierten darstellen, den Wissensnachteil der anderen auszubeuten. "Noise trading" erhält also vor allem dann eine Bedeutung, wenn es nicht mehr durch fundamental bestimmtes Handeln überkompensiert wird. Ansatzpunkte dafür liefern institutionelle Beschränkungen (vgl. Shleifer und Vishny 1997), wie bspw. die Vorstellung von rationalem Herdenverhalten.

1.2 Zum gegenwärtigen Reformbedarf der internationalen Finanzmärkte

Trotz allem gibt es Aspekte im Verhalten der Marktteilnehmer, die möglicherweise auf Defizite im Preisfindungsprozeß hinweisen. Theoretische Ansätze hierzu, die jeweils stilisierte Fakten an Finanzmärkten erklären können, sind bspw. *"noise trading"* (siehe *Box 2*) und *"herding"*. "Noise Trading" nimmt die Beobachtung auf, daß sich nicht alle Marktteilnehmer im Sinne der Theorie idealtypisch verhalten, sondern sich an Informationen orientieren, die mit den wirtschaftlichen Fundamentaldaten nichts zu tun haben (vgl. Shleifer und Summers 1990). Es ist nicht unplausibel, daß diese Teilnehmer auch die Preisbildung beeinflussen.

Box 3: Hohe Kosten von Bankenkrisen

Bankenkrisen sind stets mit hohen ökonomischen Kosten für die Volkswirtschaften verbunden. Der Studie von Caprio und Klingebiel (1996) ist zu entnehmen, daß z.B. die Bankenkrisen in Chile (1982-1985) und in Indonesien (1997-aktuell) direkte und indirekte Hilfen der Regierungen bis zu einer Höhe von 40 Prozent des Bruttoinlandsprodukts eines Jahres ausmachten. Da diese Mittel letztlich von den einzelnen Akteuren der Volkswirtschaft getragen werden müssen, läßt sich hiermit begründen, warum Anstrengungen zur Vermeidung von Finanzkrisen erforderlich sind.

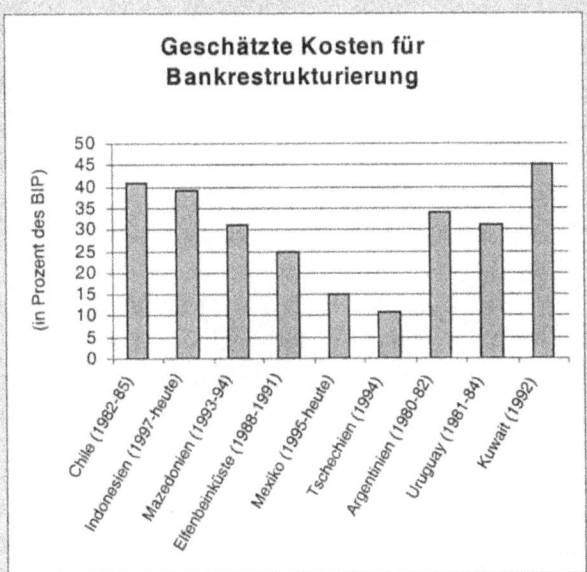

Quelle: Caprio und Klingebiel (1996)

Einen institutionellen Aspekt greift dabei der "herding"-Ansatz heraus (vgl. Scharfstein und Stein 1990): Im Wettbewerb professioneller Entscheidungsträger, wie z.B. institutioneller Anleger an Finanzmärkten, kann es rational sein, die Entscheidung nicht nur nach dem eigenen Informationsstand zu treffen, sondern auch im Hinblick auf das Verhalten der Konkurrenten. Dies kann dann zu gleichgerichtetem Herdenverhalten und damit zu Abweichungen von den "fundamentals" führen.

Schließlich fällt – als drittes hier anzusprechendes Themengebiet – auf, daß Zentralbanken sich zunehmend zur *Stabilität des Finanzsektors* äußern (vgl. exemplarisch Crockett 1996 oder Welteke 1999). Die Sorge besteht darin, daß es zu einem krisenhaften Kollaps kommen könnte, der zum einen Zentralbanken als *"lender of last resort"* erfordert, was inflationär wirken kann, und der zum anderen hohe realwirtschaftliche Anpassungskosten als Folge einer langfristig restriktiven *Stabilisierungspolitik* verursacht (siehe Box 3). Die möglichen Probleme liegen in der konstitutionellen Fragilität des Finanzsektors begründet.

Wenn man davon ausgeht, daß die ökonomischen Anreize für Finanzmarktteilnehmer zu Situationen führen können, in denen Nutzen und Kosten riskanter Geschäfte asymmetrisch auf Akteure und Betroffene fallen, dann ergeben sich *"Prinzipal-Agent"-Konflikte* (siehe Box 4), d.h. das Interesse dessen, der Transaktionen ausführt, weicht von den Interessen derer ab, in deren Namen und Auftrag er sie ausführt. Diese "Prinzipal-Agent"-Konflikte sind immer durch eine negative volkswirtschaftliche Externalität gekennzeichnet. Die Dynamik liberalisierter Märkte führt dabei selbstverständlich zu neuen Problemlagen. Zieht hier bspw. die bisher national ausgerichtete Aufsicht über Finanzinstitutionen, die aus Stabilitätsgründen für notwendig gehalten wurde, nicht entsprechend mit, so entsteht ein Regulierungsdefizit. Problemzonen sind etwa die massive Ausweitung des internationalen Zahlungsverkehrs mit offenen Intra-Tagespositionen, komplizierte Derivatekonstruktionen oder Geschäftsverlagerungen in Regionen mit laxeren aufsichtsrechtlichen Bedingungen.

Ohne diese Themenfelder zu vertiefen, dürfte deutlich geworden sein, daß die Finanzmärkte in Bewegung geraten sind. Im Kontrast dazu hinkt der *ordnungspolitische Rahmen* nach, zum einen weil er im Unterschied zur Internationalisierung der Märkte noch stärker national ausgerichtet ist, zum anderen, weil es fast zwangsläufig so ist, daß die Marktteilnehmer sofort Marktchancen nutzen, während die öffentlichen Träger erst mit Verzögerung reagieren. Der Grund liegt darin, daß ein institutioneller

1.2 Zum gegenwärtigen Reformbedarf der internationalen Finanzmärkte

Rahmen zwar einerseits für *Marktinnovationen* offen gestaltet sein soll, aber andererseits nicht alles antizipieren kann, und dann im Nachhinein angepaßt werden muß. Dies dürfte die heutige Situation beschreiben, in der die Welt, vor allem die Finanzwelt, international zusammenwächst und in der es durch Liberalisierung zu enormen Innovationen und zu erhöhter Wettbewerbsintensität kommt.

Box 4: Gesamtwirtschaftliche Kosten von Prinzipal-Agent-Konflikten

Die Arbeitsteilung in Volkswirtschaften bringt es mit sich, daß eine Partei, der Prinzipal, eine andere Partei, den Agent, mit der Wahrnehmung seiner Interessen beauftragt. Im hier interessierenden Fall können dies Einleger einer Bank sein, die von der Bank einen vernünftigen, profitablen Umgang mit ihrem Geld erwarten. In jeder Prinzipal-Agent-Beziehung hat der Agent einen Informationsvorsprung gegenüber dem Prinzipal hinsichtlich seines eigenen Handelns, und gleichzeitig hat er "weniger" zu verlieren. Deshalb sind die Interessen des Agenten nicht identisch mit denen des Prinzipals, was zu Konflikten führen kann.

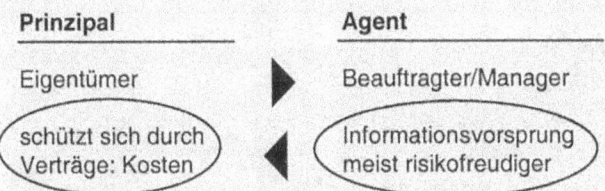

Im Finanzsektor liegt das Kernproblem in der Bereitschaft der Handelnden, allzu große Risiken einzugehen, da sie an deren Gewinnen voll partizipieren, aber die möglichen Verluste von allen getragen werden. Diese übergroße Risikobereitschaft ist bereits auf Unternehmensebene schädlich. Deshalb versuchen sich die Prinzipale zu schützen, bspw. indem sie Verträge mit den Agenten schließen, bzw. die Agenten antizipieren dies, und bieten sorgsames Verhalten an. Durch Vorkehrungen dieser Art und ihre Kontrolle entstehen Transaktionskosten. Insofern geht es aus volkswirtschaftlicher Sicht nicht darum, die Schäden aus Prinzipal-Agent-Konflikten zu minimieren, sondern die unvermeidbaren Kosten in Abwägung mit Nutzen, der aus Arbeitsteilung entsteht, zu optimieren. Auf die Stabilität des Finanzsektors übertragen soll diese eben nicht maximiert werden.

1.3 Struktur des weiteren Vorgehens

Der skizzierte mögliche Reformbedarf bildet also den Hintergrund der Reformvorschläge für das Weltfinanzsystem. Diese analysieren wir in mehreren Schritten: Im zweiten Abschnitt dieses Buches beschäftigen wir uns näher mit den Zielen und Zielbeziehungen anhand des Analysekonzepts der "*impossible trinity*". Darauf bauen der dritte und vierte Abschnitt auf, die konkrete Optionen zu Verbesserung des gesamtwirtschaftlichen Ergebnisses diskutieren: Zum einen zielt dies auf eine Effizienzsteigerung der Märkte durch angemessene Regeln, was wir als mikroökonomische Governance bezeichnen (Abschnitt 3), zum anderen auf eine Verbesserung des Marktergebnisses durch geeignete gesamtwirtschaftliche Maßnahmen, die Ansätze makroökonomischer Governance (Abschnitt 4). In beiden Fällen der mikro- und makroökonomischen Governance geht es im wesentlichen um institutionelle Reformen des Ordnungsrahmens der Finanzmärkte. Im fünften Abschnitt vergleichen wir vorgelegte umfassende Reformvorschläge im Hinblick auf die ihnen zugrunde liegenden divergierenden Einschätzungen bzw. den vermutlich konsensfähigen Anteil. Im Fazit (Abschnitt 6) begründen wir eine Reformskizze, wie wir sie für realisierbar und volkswirtschaftlich vernünftig halten.

2 Weltwährungs- und Weltfinanzordnung im Konzept der "impossible trinity"

Als Referenzrahmen nutzen wir hier das wirtschaftspolitische Analysekonzept der "*impossible trinity*", das für die Fragestellung geeigneter internationaler Währungsordnungen die Ziele nationaler geldpolitischer Autonomie, freien Kapitalverkehrs und stabiler Wechselkurse gemeinsam diskutiert. Das Konzept stellt konkurrierende Zielbeziehungen heraus. Dies ist insofern eine zweckmäßige Perspektive als es typischerweise keine wirtschaftspolitischen Maßnahmen - auch nicht im Bereich der Währungsordnungen - gibt, die neben den damit angestrebten Vorteilen nicht auch mögliche Nachteile an anderer Stelle aufwerfen würden. Dies kommt im Fall der "unmöglichen Dreiheit" schon im Namen zum Ausdruck und gilt im Prinzip gleichartig, wenn man den Blick von der *Weltwährungsordnung* auf das *Weltfinanzsystem* erweitert (vgl. ähnlich Summers 1999).

2.1 Die währungspolitische Konsequenz aus der impossible trinity

Die wesentliche Botschaft des *impossible trinity*-Konzepts ist die Aussage, daß es keine Währungsordnung gibt, die die gleichzeitige, vollständige Erreichung aller drei Ziele erlauben würde. Vielmehr ist diesem Konzept zufolge eine Beschränkung auf zwei der drei Ziele notwendig, die gleichzeitig mit wirtschaftspolitischen Maßnahmen erreicht werden können. Dieses Ergebnis leitet sich im Kern daraus ab, daß der monetären Wirtschaftspolitik für das binnen- und das außenwirtschaftliche Ziel nur *ein marktkonformes Instrument*, eben der Expansionsgrad monetärer Steuerung zur Verfügung steht. Dieses Instrument läßt sich zwar um Verordnungen erweitern, was aber den Nachteil mit sich bringt, daß dann gerade der Marktpreismechanismus ausgeschaltet wird. Insofern setzt die Entscheidung für eine Währungsordnung eine Entscheidung über Zielpräferenzen voraus.

Dieser grundlegende Zielkonflikt wird auch nicht dadurch aufgelöst, daß sich empirisch manchmal eine gewisse gleichzeitige Erreichbarkeit aller drei Ziele anzudeuten scheint. So hat Rose (1996) in einer empirischen Arbeit für OECD–Länder eine aus seiner Sicht unerwartet geringe

Zielkonkurrenz ermittelt. Allerdings stellt er auf kürzerfristige Horizonte ab, in denen gewisse Rigiditäten den immer noch beobachtbaren Zusammenhang – wie ihn die *impossible trinity* behauptet – vorübergehend abschwächen. Zu diesen Rigiditäten zählen Anpassungshindernisse im realwirtschaftlichen Bereich, wie träge Preise, oder Risikoprämien, die den freien Kapitalverkehr letztlich durch eingeschränkte Substitutionalität bremsen.

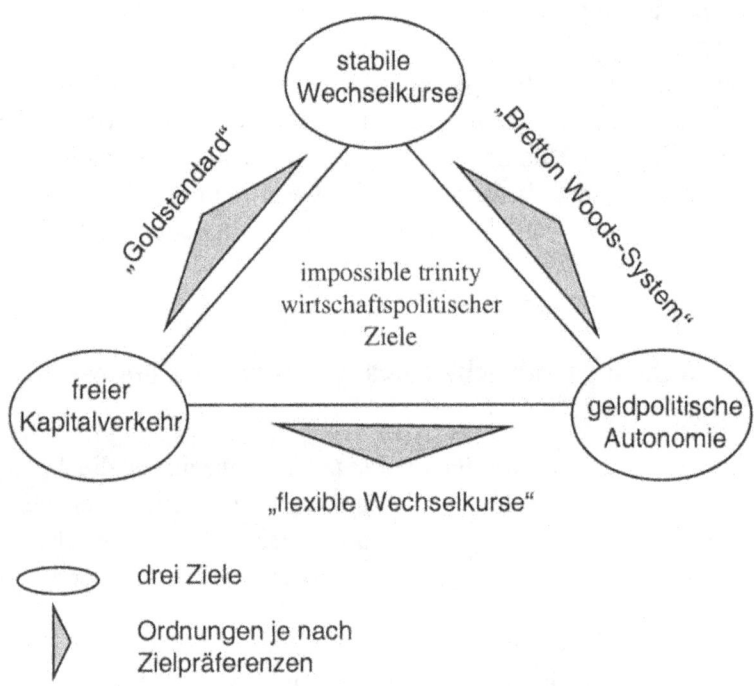

Schaubild 1:   Währungsordnungen aufgrund von Zielpräferenzen

Geht man also von *Zielkonflikten* aus, dann lassen sich die drei logischen Möglichkeiten für Währungsordnungen, die das impossible-trinity-Konzept zuläßt, folgendermaßen kurz charakterisieren (vgl. Schaubild 1):

- Eine Währungsordnung kann auf freien Kapitalverkehr und stabile Wechselkurse setzen, muß dann aber erhebliche Abstriche bei der geldpolitischen Autonomie hinnehmen. Der wesentliche Grund liegt darin, daß die Geldpolitik als Instrument zur Stabilisierung der Wechselkurse benötigt wird. Einer Währungsordnung in diesem Sinne kommt der Goldstandard recht nahe.

- Eine zweite Form der Weltwährungsordnung besteht darin, neben stabilen Wechselkursen auch geldpolitische Autonomie zu präferieren. Der "Preis" besteht darin, den freien Kapitalverkehr einzuschränken, weil dieser ansonsten eines der beiden anderen Ziele gefährden könnte. Eine Ordnung dieser Art war etwa das Bretton-Woods-System.

- Schließlich kann man als dritte Weltwährungsordnung freien Kapitalverkehr und geldpolitische Autonomie bevorzugen. Dies kann aber dazu führen, daß die Wechselkurse nicht so stabil sind und nicht auf dem Niveau liegen, wie es wirtschaftspolitisch erwünscht sein mag. Diese Kombination an Zielerreichung entspricht grob der jüngeren Periode flexibler Wechselkurse.

2.2 Begründung der Einzelziele der *impossible trinity*

Es war oben bereits angeklungen: Die Verwendung eines analytischen Konzepts deutet etwas über die Einschätzung der gegenwärtigen, zu analysierenden Verhältnisse an. In diesem Sinne soll die Verwendung der drei Ziele, die der *impossible trinity* zugrunde liegen, näher ausgeführt werden. Dabei geht es um eine Begründung dieser Ziele unter den gegenwärtigen Verhältnissen, die nicht möglichst weitgehend, sondern möglichst breit akzeptabel angelegt sein soll.

Der freie Kapitalverkehr ist vermutlich das zur Zeit am meisten umstrittene unter den betrachteten Zielen. Die Ursache dafür liegt allerdings nicht so sehr in einer theoretischen Debatte, denn "eigentlich" ist unstrittig, daß der *Preismechanismus* ein effizienter *Allokationsmechanismus* ist. Dies gilt dann eben auch für internationale Kapitalmärkte. Sie stellen "im Prinzip" sicher, daß Kapital dort investiert wird, wo es den größten *Wohlfahrtszuwachs* hervorbringt. Hinzu kommt, daß von den Allokationsentscheidungen der international mobilen Anleger ein positiver "feedback" auf die Wirtschaftspolitik der Staaten ausgeht. Gute Politik wird unmittelbar belohnt, schlechte bestraft. Dies zwingt die Staaten stärker, als es ohne freien Kapitalverkehr der Fall wäre, in eine letzten Endes wohlstandsfördernde wirtschaftspolitische Disziplin (vgl. Jochimsen 1997). Das Problem mit dem internationalen Kapitalverkehr liegt eher in Erfahrungen der letzten beiden Jahrzehnte, als die Finanzmärkte immer weiter liberalisiert wurden. Häufig werden die Konsequenzen dieser Politik kritisiert. Um der Auseinandersetzung an dieser Stelle auszuweichen, soll hervorgehoben werden, daß das Ziel des freien Kapitalverkehrs demnach theoretisch begründet zu verstehen ist, und nicht als eine Rechtfertigung der gegenwärtigen Verhältnisse. In diesem Sinne dürfte weitgehend Konsens bestehen.

Wenn man nach einer empirischen Fundierung für die Vorteilhaftigkeit freien Kapitalverkehrs sucht, dann ist diese methodisch kaum zweifelsfrei zu liefern. Ein erster Grund liegt in der schlechten Erfassung von *Kapitalverkehrsfreiheit* bzw. *Kapitalverkehrsbeschränkungen*. Ein zweiter Grund liegt darin, daß eventuelle Änderungen in der Kapitalverkehrsfreiheit meist graduell erfolgen, d.h. neben dem Erfassungsproblem tritt die quantitative Fühlbarkeit als Problem auf: Der Kapitalverkehr finanziert im Regelfall nur einen kleineren Teil der Investitionen. Weiterhin sind Ausweichreaktionen zu bedenken. Schließlich schlagen sich Änderungen in der Qualität der Kapitalallokation erst mit Verzögerung in Makrodaten, wie bspw. höherem Wachstum, nieder.

Die verfügbaren empirischen Arbeiten, vor allem von Quinn (1997) und Rodrik (1998), kommen zu keinem einheitlichen Ergebnis. Während Quinn deutlich positive Einflüsse des freien Kapitalverkehrs auf das Pro-Kopf-Wachstum herausarbeitet, findet Rodrik einen statistisch insignifikanten, wenngleich ebenfalls leicht positiven, Zusammenhang. Da sich aber beide Arbeiten vielfältig unterscheiden (Zeitraum, betrachtete Länder, Erfassung von Kapitalverkehrskontrolle und Kontrollvariablen) ist ex ante nicht klar, welcher Studie größeres Gewicht beigemessen werden sollte. Immerhin stimmt das Vorzeichen mit dem theoretisch zu erwartenden Ergebnis überein (so auch bei Diehl und Gundlach 1999).

Ähnlich hitzig wie in diesen Jahren die Debatte um Kapitalverkehrskontrollen lief vor Jahrzehnten die Diskussion um feste versus flexible Wechselkurse. Wiederum bestand weitgehende Einigkeit, daß aus theoretischen Gründen eine Stabilität der Wechselkurse für die Realwirtschaft vorteilhaft sei. Dabei bedeutet Stabilität, daß eher die realen als die nominalen Wechselkurse stabil sind, und es wird vorausgesetzt, daß die Wechselkurse die *Fundamentaldaten* angemessen reflektieren (was im Einzelfall ziemlich strittig sein kann). Es geht hier also nicht darum, einen Preis – den Wechselkurs – auf jeden Fall zu fixieren. Wenn man es bei solch allgemeinen Formulierungen beläßt, dann dürfte das wirtschaftspolitische Ziel weitgehend konsensfähig sein. Wie ist es jedoch zu erreichen bzw. was behindert seine Realisierung? An dieser Frage unterscheiden sich die Sachverständigen ganz erheblich in ihren Einschätzungen.

Aus empirischer Sicht ist es schwierig, einen vorteilhaften Einfluß stabiler Wechselkurse zwingend nachzuweisen. Wiederum werden die möglichen Einflußkanäle von zahlreichen anderen Faktoren überlagert. Insofern sind die stärkeren Wechselkursschwankungen nach Einführung flexibler Wechselkurse zwar mit etwas geringeren Wachstumsraten des Welthandels einhergegangen, doch hat der *Welthandel* im Laufe der 80er Jahre wieder aufgeholt (Frenkel 1998). Möglicherweise haben sich die Unternehmen an die neuen Verhältnisse angepaßt, doch sagt dies wenig darüber, ob nicht stabilere Wechselkurse nicht noch vorteilhafter gewesen wären. Deshalb kann man den Literaturstand vielleicht in der Aussage zusammenfassen, daß die Stabilität von Wechselkursen theoretisch so einleuchtend ist (selbst wenn sich auch der umgekehrte Fall konstruieren läßt), daß es keiner gesonderten empirischen Fundierung bedarf.

Das Ziel geldpolitischer Autonomie schließlich wäre vor 30 Jahren, in der Hochphase keynesianischen Denkens, vollkommen unstrittig gewesen. Heute wird seine Realisierung zwar erheblich skeptischer eingeschätzt, doch liegt dies zum größeren Teil wohl an Zweifeln an der Handlungskompetenz staatlicher Wirtschaftspolitik und weniger daran, daß Ökonomen im allgemeinen von jederzeitiger, perfekter Selbststabilisierung marktwirtschaftlicher Systeme überzeugt wären. Aus politökonomischer Sicht mag man also an der Bedeutsamkeit dieses Ziels zweifeln, doch kaum daran, daß dieser Freiheitsgrad grundsätzlich wünschenswert wäre.

Empirisch allerdings läßt sich auch die Vorteilhaftigkeit der Umsetzung dieses Ziels kaum nachweisen. Dies hängt auch damit zusammen, daß die meisten Industrieländer in der heutigen Zeit dieses Ziel praktisch nicht mehr für Stabilisierungszwecke nutzen können. Abgesehen davon, daß der konjunkturell besonders interessante Zinssatz immer nur indirekt beeinflußt werden kann (Akhtar 1995), liegt der wesentliche Grund bei recht freiem Kapitalverkehr in der *Zinsarbitrage* zwischen Ländern begründet. Dabei wirken die Kapitalströme nicht symmetrisch, sondern Zinsänderungen großer Länder haben einen erheblichen Einfluß auf kleinere Länder, letztere jedoch können – bei imperfekter Substitutionalität – weniger in umgekehrter Richtung bewegen (vgl. für das EWS Kirchgässner und Wolters 1993). Deshalb wird die Geldpolitik häufig der Wechselkursstabilisierung untergeordnet, während es - im Rahmen der *impossible trinity* - darum ginge, sie für den Zweck der konjunkturellen Stabilisierung bzw. zur Begrenzung landesspezifischer Nachfrageschocks zur Verfügung zu haben.

In restriktiver Hinsicht ist sie diesbezüglich zweifellos wirksam, wie zahlreiche geldpolitisch ausgelöste Stabilisierungskrisen zeigen. In expansiver Hinsicht ist ein Nachweis problematisch, und spätestens der Fall Japans, verdeutlicht Grenzen da dort Zinssätze nahe bei Null mit anhaltender

Wachstumsschwäche einhergehen. Immerhin bringen manche Beobachter den anhaltenden Aufschwung der USA in den 90er Jahren auch mit einer Geldpolitik in Verbindung, die auf ein Überschäumen der Konjunktur vorsichtig und rechtzeitig mit Zinssteigerungen reagiert bzw. bei Konjunkturabschwächungen umgekehrt. Es sei aber ausdrücklich erwähnt, daß die USA aufgrund ihrer Größe - trotz offener Kapitalmärkte - auf das Ziel der Wechselkursstabilisierung vergleichsweise geringe Rücksicht nehmen müssen.

2.3 Die Weltfinanzordnung in der "impossible trinity"

Auf den ersten Blick scheinen die Ziele, die es bei einer Diskussion von Weltwährungsordnungen zu beachten gilt, unmittelbar wenig mit dem Thema einer Reform des Weltfinanzsystems zu tun zu haben. Tatsächlich jedoch kann man letztlich nicht sinnvoll über Finanzsysteme reden, ohne auch auf das direkt berührte Feld der Geld- und Währungspolitik sowie der realwirtschaftlichen Steuerung einzugehen (die Begriffe Ordnung und System werden hier weitgehend austauschbar verwendet). Gerade diese Interdependenzen zwingt das Konzept der *impossible trinity* zu beachten.

Ferner lassen sich im Zeitalter zunehmender *finanzieller Globalisierung* Weltwährungs- und Weltfinanzordnung kaum noch trennen, da die Finanzmärkte für alle Aspekte der monetären Steuerung an Bedeutung gewonnen haben. Insofern kann man die drei Einzelziele der traditionellen *impossible trinity* für Weltwährungsordnungen konsequent in Einzelziele einer impossible trinity für Weltfinanzordnungen übertragen. Dies zeigt eine Analyse anhand der drei bereits mehrfach erwähnten Einzelziele auf:

Im Bereich des freien Kapitalverkehrs ist offenkundig, daß aus rein finanzwirtschaftlichen Kalkülen begründete Transaktionen die außenhandelsbedingten Transaktionen bei weitem überwiegen. Der freie Kapitalverkehr führt hier zunehmend zu globalen Finanzmärkten.

Für das Thema stabiler Wechselkurse gilt in ähnlicher Weise, daß *Wechselkurse* inzwischen eher als Finanzmarktpreise denn als Scharniere zwischen Realwirtschaften zu begreifen sind. Zwar sollte das bei fundamental-ökonomischer Orientierung der Finanzmärkte identisch sein, doch den leichteren Zugang zum Verstehen liefert inzwischen sicher die Finanzmarktsichtweise. Insofern sind stabile Wechselkurse ein wesentlicher Aspekt stabiler Finanzmärkte. Allerdings richtet sich das Ziel Finanzmarktstabilität nicht nur auf die Preise, sondern auch auf die Stabilität des Systems. Stabilität erfährt dadurch eine leichte Dramatisierung, daß Fi-

2.3 Die Weltfinanzordnung in der "impossible trinity"

nanzsysteme aus inhärenten Gründen stärker verletzbar sind als Realwirtschaften. Im Grunde aber soll die Stabilität letztlich immer "realwirtschaftliche" Zwecke erfüllen helfen.

Hinsichtlich der geldpolitischen Autonomie schließlich muß die geldpolitische Steuerung in einem Umfeld großer und schnell reagierender internationaler Finanzmärkte operieren, was bspw. in den beiden letzten Jahrzehnten zu erheblichen Anpassungen im geldpolitischen Instrumentarium geführt hat. Vor allem für kleinere Volkswirtschaften hat es gar den Anschein, als würden Finanzmärkte die geldpolitische Autonomie durch ihre eigenen Bewertungen ersetzen. Idealtypisch gibt es zwar keine erheblichen Unterschiede, aber in der Wirklichkeit möglicherweise doch. In jedem Fall bewirkt dies häufig, daß nationale Autonomie auf das Feld der Regulierung von *Finanzinstitutionen* begrenzt bleibt.

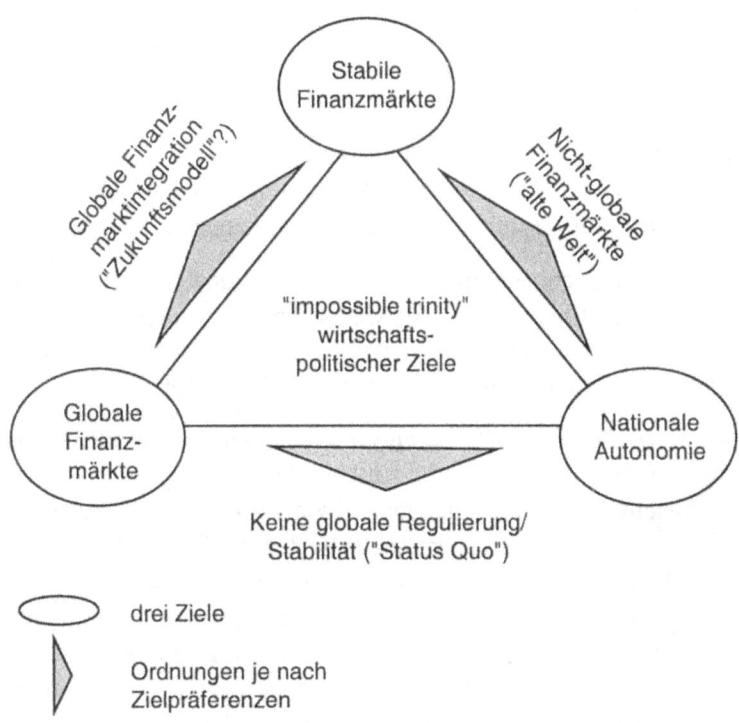

Schaubild 2: Weltfinanzordnungen aufgrund von Zielpräferenzen

Zusammenfassend erfährt damit die "Welt" der *impossible trinity* im Rahmen zunehmend globaler Finanzmärkte eine Erweiterung auf ein zusätzliches Feld: neben die makroökonomische Ebene gesamtwirtschaftlicher Steuerung tritt die Ebene mikroökonomischer Regulierungsfragen (vgl. Schaubild 2). Beide Ebenen sind für staatliches Handeln und dabei auftretende Restriktionen, wie sie die impossible trinity erfaßt, gleichermaßen bedeutsam. Wenn in der aktuellen Diskussion manchmal eine Verengung auf die zweite Ebene stattfindet, so folgt dem diese Untersuchung nicht. Vielmehr zeigte doch die obige Analyse die Verknüpfung von makro- und mikroökonomischen Fragen. Die grundlegenden Ziele und die damit einher gehenden Zielkonflikte bleiben auch unter den heutigen Umständen ähnlich wie in der Vergangenheit. Dies zeigt sich in den drei möglichen Weltfinanzordnungen, die sich aus dem Konzept der impossible trinity ergeben:

Der Status Quo ist zum einen gekennzeichnet durch weitgehend nationale Autonomie hinsichtlich geldpolitischer und regulatorischer Entscheidungen und zum anderen gekennzeichnet durch zunehmend globalere Finanzmärkte. Daraus entsteht ein Spannungsverhältnis, das man so charakterisieren kann, daß ein ordnungspolitisches Defizit weltweiter Regulierung entstanden ist.

Dieses Defizit gab es in der alten Welt nicht. Dort korrespondierte die nationale Entscheidungsautonomie noch mit nationalen Finanzmärkten, so daß die Regulierung zumindest prinzipiell angemessen sein konnte.

Da von vielen Beobachtern der Trend zu globalen Finanzmärkten als unumkehrbar und häufig auch als wünschenswert eingeschätzt wird, stellt sich die Frage, ob damit ein Zukunftsmodell determiniert ist, das die integrierten Märkte um eine integrierte Regulierung ergänzt.

Das Konzept der *impossible trinity* bleibt demnach für die Analyse von Weltfinanzmärkten sinnvoll und hilft als einfache Systematisierung auch bei der Orientierung in der gegenwärtigen Diskussion. So kann der Katalog an vorgebrachten Klagen gegenüber dem Status Quo nicht überraschen, denn es ist gerade das Kennzeichen der herrschenden Ordnung, daß die Wechselkurse nicht in die Steuerungskompetenz der Wirtschaftspolitik fallen. Weiterhin ist einleuchtend, daß zur Verstetigung der Wechselkurse, bzw. der Finanzmarktpreise generell, die Vorschläge häufig in Richtung einer Einschränkung des Kapitalverkehrs tendieren. Dies kommt einer Korrektur der Reformen aus den beiden letzten Jahrzehnten gleich. Je nach Ausrichtung tendieren die Reformvorschläge folglich eher in Richtung Goldstandard bzw. heute "globale Finanzmarktintegration" oder in Richtung Bretton Woods bzw. "alte Welt", ohne daß damit die alten Verhältnisse wieder hergestellt werden könnten oder sollten. Die Implikationen jedoch lohnt es sich klar zu machen. Darauf werden wir im folgenden Abschnitt eingehen.

2.4 Strukturierung der Reformvorschläge

Selbstverständlich muß man sich der beschriebenen Analyse der *impossible trinity*, die Zielkonkurrenzen unterstellt, nicht anschließen. Theoretisch könnte man bei extremem Vertrauen auf die Marktkräfte auch *Zielharmonie* behaupten: Freier Kapitalverkehr wäre dann eine Selbstverständlichkeit, stabile Finanzmarktpreise und Wechselkurse würden sich aus dem Wirken der Marktkräfte ergeben, und geldpolitische oder regulatorische Autonomie würde im Kern dazu genutzt, langfristig stabile Rahmenbedingungen für Märkte – bspw. im Sinne stabilen Geldmengenwachstums – zu gewährleisten.

Theoretisch ließe sich auch der logische Gegenpol denken. Bei extremem Mißtrauen in die Funktionsfähigkeit von Finanzmärkten würde man in freiem Kapitalverkehr kein anstrebenswertes Ziel mehr sehen. Selbstverständlich wäre es dann zweckmäßig, Finanzmärkte stark zu regulieren und gleichzeitig auch Wechselkurse, wirtschaftspolitisch festzusetzen.

Mit dem Konzept der *impossible trinity* zu arbeiten macht damit deutlich, daß die beiden obigen Extreme nicht als zutreffende Charakterisierung der gegenwärtigen wirtschaftlichen Bedingungen angesehen werden. Daneben hat das Konzept aber auch eine methodische Stärke: Es verweist auf die Interdependenz von (inter)nationaler realwirtschaftlicher sowie (inter)nationaler finanzwirtschaftlicher Wirtschaftspolitik. Aus diesen Gesichtspunkten ergibt sich nahezu zwangsläufig, und das führt zum Beginn dieses Abschnitts zur impossible trinity zurück, ein Denken in trade-offs. Jede denkbare Weltwährungsordnung oder jede denkbare Weltfinanzordnung bietet eigene Chancen und Risiken. Es kommt neben der Klärung von Zielpräferenzen auch darauf an, die jeweiligen Verhältnisse zu berücksichtigen, sowie – vielleicht vor allem – über die Verbesserung von trade-offs nachzudenken.

Aus pragmatischen Gründen trennen wir die Diskussion von Reformvorschägen im folgenden in die Themenbereiche der makroökonomischen bzw. der mikroökonomischen Governance, wie dies bereits in Abschnitt 1.3 erläutert wurde. Ersterem sind demnach Diskussionen um die traditionelle "impossible trinity" zuzuordnen, letzterem die neuere Diskussion, die sich eher auf die mikroökonomische Ebene – sozusagen die "impossible trinity" der Weltfinanzordnung - konzentriert. Es sollte aber deutlich geworden sein, daß hier die Zusammenhänge weiter gefaßt werden und eben nicht nur die mikroökonomische "Governance" interessiert. Wegen ihrer Aktualität beginnen wir dennoch damit.

3 Reformvorschläge der mikroökonomischen Governance

Nicht zuletzt die Asienkrise der Jahre 1997/98 hat deutlich gemacht, daß es Defizite in der Funktionsfähigkeit der internationalen Finanzmärkte gibt. Es scheint praktisch Konsens zu sein, daß dies gerade auch die mikroökonomischen Grundlagen funktionsfähiger Märkte betrifft. Hier sollen als Kernstück der mikroökonomischen Governance solide Führungs- und Kontrollsysteme etabliert werden. Im einzelnen schälen sich die Themen der hinreichenden Information der Marktteilnehmer und der sie umgebenden Anreize als immer wiederkehrend heraus. Diese beiden Aspekte sollen durch zentrale Reformdiskussionen hindurch verfolgt werden.

Der Reiz gerade dieser erhöhten Funktionsfähigkeit der internationalen Finanzmärkte – aus einer mikroökonomischen Perspektive - besteht darin, daß sie trade-offs verbessern: Positive Wohlfahrtswirkungen ergeben sich im Hinblick auf alle drei Ziele der impossible trinity, doch am wichtigsten ist dieser Bereich sicherlich für das Ziel des freien Kapitalverkehrs. Mit zunehmender Funktionalität internationaler Finanzströme erhöht sich die Präferenz dafür, diese unreguliert zuzulassen (und umgekehrt).

Im einzelnen werden drei Themenbereiche in der nun skizzierten Reihenfolge abgehandelt:

Eine erhöhte *Transparenz* soll die Grundlage für rationale Entscheidungen der Marktteilnehmer wie auch der Wirtschaftspolitik verbessern.

Ein weitergehender Schritt in dieser Richtung ist die Frage, inwieweit *Frühwarnsysteme* den Finanzmarktteilnehmern aufgearbeitete Informationen zur Verfügung stellen sollen. Da es hier noch primär um die Bereitstellung von Informationen geht, betrachten wir dies als Teil der mikroökonomischen Ebene, sozusagen als verfeinerte Transparenz. Sofern die Bewertung von Informationen und damit internationales wirtschaftspolitisches Handeln, d.h. makroökonomische Koordinierung, im Vordergrund steht – was im Einzelfall fließend ineinander übergeht – rechnen wir die Vorschläge der makroökonomischen Ebene zu.

Ein weiterer wichtiger Themenbereich ist die *Finanzmarktregulierung*. In den Augen der meisten Analysten wiesen bspw. die asiatischen Krisenländer in diesem Segment auffällige Defizite auf. Relevante weitere Aspekte dieser Thematik sind die Einbeziehung von *Derivaten* sowie die neu zugelassenen institutsspezifischen *Value-at-Risk-Ansätze* (VaR). Schließlich ist erkannt worden, daß es heute wesentliche Akteure an den internationalen Finanzmärkten gibt, die erhebliche finanzielle Risiken eingehen, aber deutlich weniger als Banken beaufsichtigt werden. Dabei geht es um Fondsgesellschaften, nicht zuletzt Hedge Funds, generell um Finanzinstitutionen mit hohem Leverage (wobei Hedge Funds eine Teilmenge darstellen) oder u.U. auch um Währungsrisiken von Unternehmen (siehe Box 5).

Box 5: Probleme eines hohen Leverage von Finanzinstitutionen

Der Leverage einer Unternehmung wird häufig gemessen als die Quote von Fremdkapital zu Eigenkapital. Das Fremdkapital, bspw. ein Bankkredit, muß immer zu festen Konditionen bedient werden. Im Erfolgsfall impliziert deshalb eine hohe Fremdkapitalquote, daß die Rendite auf das eingesetzte Eigenkapital steigt. Im Mißerfolgsfall hingegen muß das Eigenkapital entstehende Verluste "puffern" und je kleiner dieser Puffer ist, desto schneller gerät die Unternehmung in eine kritische Lage. Es geht also eigentlich um das Verhältnis von eingegangenen Risiken zur Risikotragfähigkeit der Institution.

Gerade bezogen auf Finanzinstitutionen gibt es zahlreiche Risiken, die nichts mit dem ausgewiesenen Fremdkapitalanteil zu tun haben. Zum einen besteht erheblicher Gestaltungsspielraum auf der Aktivseite, bspw. beim Vergeben mehr oder weniger riskanter Kredite. Dieses Risiko kann projektspezifisch sein, kann aber auch in der Konjunkturempfindlichkeit oder in geringer Diversifikation der Aktiva zum Ausdruck kommen. Zum anderen lassen sich in kürzester Zeit erhebliche Risiken im Geschäft mit Derivaten oder noch allgemeiner im Handel mit Finanztiteln aufbauen.

3.1 Verbesserung der Transparenz

Es gehört zu den wesentlichen Rahmenbedingungen "vollkommener Märkte", daß die dort agierenden Teilnehmer über die relevanten Entscheidungsparameter gut, und im Grenzfall kostenlos, informiert sind. Auch aus praktischer Sicht ist unmittelbar einleuchtend, daß eventuelle Informationslücken oder gar falsche Informationen zu verzerrten Entscheidungen führen müssen. Die Krisen an Finanzmärkten, gerade in den "emerging markets", machen deutlich, daß es in kritischen Phasen häufig an verläßlichen, zeitnahen Informationen mangelt. Dies betrifft ganz generell die ökonomisch relevanten Fundamentaldaten, zu denen nicht nur

Daten der volkswirtschaftlichen Gesamtrechnung zählen, sondern auch die aggregierten Verschuldungs- und Außenstände (samt den zugehörigen Fristigkeiten) einzelner Länder und Finanzmarktakteure oder die Qualität von Unternehmensinformationen. Der IWF hat deshalb ein Programm aufgelegt, das diesen Mangel zumindestens für die volkswirtschaftlichen Daten systematisch beheben soll.

Die Bereitstellung dieser standardisierter zeitnaher Informationen ist sicherlich nur positiv zu bewerten. Die Frage stellt sich allerdings, inwieweit es sich hierbei um ein in der Realität bedeutsames Problem handelt, denn im Kern sollten Informationslücken – und in diesem Sinne auch Informationsunsicherheiten – zu sehr risikoaversem Verhalten führen. Dieses würde dann die Empfindsamkeit von Wirtschaften auf irgendwelche Störungen, wie bspw. unerwartete fundamentale Neuigkeiten, prinzipiell reduzieren. Tatsächlich jedoch kann das Problem dann komplizierter sein, wenn zwar Informationen allen Marktteilnehmern gleichermaßen vorliegen, aber nicht zwingend einheitlich interpretiert werden müssen. Durch diese Unbestimmtheit entsteht die Möglichkeit multipler Gleichgewichte.

Die Existenz multipler Gleichgewichte ist wiederum ein zentrales Thema der jüngeren Literatur von spekulativen (Währungs-)Krisen (vgl. Obstfeld 1996). Dabei wird von der Tatsache ausgegangen, daß Daten unterschiedlich interpretiert werden können. Will die Wirtschaftspolitik darauf Einfluß nehmen, so kann sie dies nur, indem sie gegebenenfalls auch zu entsprechendem Handeln bereit ist – im internationalen Kontext betrachten wir dies deshalb in erster Linie als ein Thema makroökonomischer Governance. Neben dieser Unsicherheit über das "richtige Modell" besteht immer auch Unsicherheit über die Interpretation der anderen Marktteilnehmer. Wie im Keynesschen Schönheitswettbewerb (wo es darum geht, die Präferenz der Mehrheit der Preisrichter zu erraten und zur eigenen zu machen) nützt die Kenntnis des richtigen Modells u.U. wenig und im Fall multipler Gleichgewichte gar nichts, wenn sich die übrigen Marktteilnehmer eines anderen Modells bedienen. Im Grunde ergibt sich damit eine Situation, in der das optimale Verhalten nur spieltheoretisch zu erfassen ist.

Interessant ist nun, daß unter diesen Umständen die Wahrscheinlichkeit für eine unerwünschte spekulative Attacke neben der Stärke der Fundamentaldaten und den Spekulationskosten auch vom Volumen der Gelder abhängt, die für solche Zwecke eingesetzt werden können (Morris und Shin 1998). Während viele wirtschaftspolitische Maßnahmen an diesen

Parametern ansetzen und damit nur indirekt die Wahrscheinlichkeit destabilisierender Attacken verringern, kann Transparenz über den wirtschaftspolitischen Kurs die Ursache des Problems verringern helfen. Rein "technisch" geht es darum, die Unsicherheit über die Interpretation der Fundamentaldaten durch andere zu reduzieren. In der Praxis geschieht dies durch erhöhte Transparenz des wirtschaftspolitischen Verhaltens. Wir unterscheiden hier also die Kommunikation einer gegebenen Wirtschaftspolitik von der wirtschaftspolitischen Strategie, Erwartungen im Interesse einer bestimmten Politik beeinflussen zu wollen.

Vielleicht sollte man allerdings Transparenz auch in diesem verfeinerten Sinne nicht überinterpretieren. Vermutlich liegt die Ursache von Finanzmarktkrisen in der Regel nicht darin, daß niemand informiert gewesen wäre: Im Fall von Wissenslücken müßten rationale Marktteilnehmer die Risiken generell scheuen. Es ist auch selten der Fall, daß die verfügbaren Informationen schlicht falsch gewesen wären. Selbst im Fall der thailändischen Devisenreserven, die in der Statistik überzeichnet waren, da sie sozusagen als Sicherung für bereits vorgenommene Terminverkäufe dienten, hat dies die Spekulanten nicht von Attacken abgehalten. Der Effekt von mehr Transparenz wäre dann also vermutlich eine zeitliche Vorverlagerung des letztlichen Übergangs zum Floating gewesen. Darüber hinaus würde eine verläßliche Bereitstellung von Information das Ausmaß an Erwartungsrevisionen und damit an Finanzmarktpreisschwankungen reduzieren. Dies ist als nützlich zu erachten, doch ändert es wohl nichts an der grundsätzlichen Krisenmechanik von Finanzmärkten.

3.2 Verwendung von Frühwarnindikatoren für Krisen

Zur Vermeidung von Krisen wäre es wünschenswert, wenn die internationale Gemeinschaft, also z.B. der Internationale Währungsfonds, verläßliche Frühwarnindikatoren für anstehende Krisen entwickeln könnte, wie es die G22 (1998) in ihrem Vorschlagspaket erwähnt. Dieser Informationsvorsprung könnte dann für zwei Strategien genutzt werden: Entweder bleibt es eine private Information, die der IWF für Anpassungsberatung nutzt, oder es wird eine öffentliche Information, die dann eine Krise nicht nur zeitlich vorzieht, sondern u.U. sogar noch eine (von den Finanzmärkten erzwungene) wirtschaftspolitische Therapie erlaubt. In jedem Fall würde die volkswirtschaftliche Effizienz erhöht und damit die gesamte Zielerreichung im Rahmen der impossible trinity verbessert. Dies kann insbesondere dann möglich sein, wenn sich Krisen im Vorfeld rechtzeitig erkennen lassen, also ausreichend lange, bevor es nur noch um das Ausmaß der Krise geht. Zu diesem Zweck ist über den Wert von Frühwarnindikatoren für Währungs- und für Bankenkrisen viel diskutiert und empirisch gearbeitet worden.

(1) Frühwarnindikatoren für Währungskrisen

Von der Methodik her ist die Literatur zur Erklärung von Währungskrisen auf das engste mit der Literatur zu Frühwarnindikatoren für Währungskrisen verwandt: Wenn man weiß, warum diese Krisen entstehen, dann weiß man auch, auf welche ökonomischen Größen im Vorfeld zu achten ist. Allerdings kann man von der Erklärbarkeit nicht auf die Prognostizierbarkeit schließen. Rein statistisch muß es schon so sein, daß eine hinreichend komplexe Kombination unterschiedlicher Erklärungsvariablen immer eine hohe Relation zur fraglichen Größe, wie hier den Währungskrisen aufweist. Folglich ist die Prognose schwierig, weil eine Erklärungsstruktur im vorhinein vorausgesetzt werden und unverändert erklärungskräftig bleiben muß.

Tabelle 1: Ereignismatrix für Krisen und Krisensignale

	Krise	**keine Krise**
Krisensignal	A	B
Kein Krisensignal	C	D

A: richtige Krisensignale
B: falsche Krisensignale
C: fälschlicherweise keine Krisensignale
D: richtigerweise keine Krisensignale

In der Literatur über Indikatoren für Währungskrisen haben Kaminsky et al. (1998) einen umfangreichen Beitrag verfaßt, der zugleich die Ergebnisse der wesentlichen älteren Arbeiten berücksichtigt. Ihr Ziel besteht darin, ökonomische Indikatoren zu identifizieren, die Währungskrisen robust voraussagen. Ihre Ausgangsbasis sind 105 in der relevanten Literatur verwendete Indikatoren. Nach einer Bereinigung um Größen, die auf identische Ausgangsinformationen wie andere Indikatoren zurückgreifen oder nicht signifikante Ergebnisse lieferten, wählen Kaminsky et al. (1998, S.16f.) 15 Indikatoren aus, die sie für theoretisch überzeugend halten und die auf monatlicher Datenbasis für eine Vielzahl von Ländern verfügbar sind. Mit diesen Indikatoren berechnen sie dann jeweils ihre eigenen Signale.

Das Ergebnis dieser Berechnungen gilt es in einem weiteren Schritt zu bewerten, da – wie bei Prognosen üblich – keine fehlerfreien Vorhersagen erwartet werden können. Hierzu sind in der Literatur verschiedene Gütemaße vorgeschlagen worden, die von Kaminsky et al. weitgehend abgearbeitet werden. Grundlage der Diskussion dieser Maße ist die Ereignismatrix, in der die vier möglichen Zustände bei Prognosen festgehalten sind (Tabelle 1). So deutet Feld A an, daß dann, wenn sich aus den Frühwarnindikatoren ein Krisensignal ergibt, auch tatsächlich eine Krise ergibt Feld D bedeutet dementsprechend, daß bei ausbleibenden Krisensignal sich auch keine Krise einstellt. Die Felder B und C weisen dagegen auf Prognosefehler hin. Folgende Maße sind vorgeschlagen worden, wobei hier zur einfacheren Unterscheidung möglichst "griffige" Bezeichnungen gewählt werden:

Das Maß *Krisenerkennungsquote* ist definiert als Anteil der Krisen, bei denen in den vorangegangenen 24 Monaten wenigstens in einem einzigen Monat ein Krisensignal zutreffend gegeben worden war. Das Problem dieses Indikators ist sicherlich, daß das Maß zum einen nicht viel Vertrauen beanspruchen kann und zum anderen unklar bleibt, wie häufig eine Krise fälschlich signalisiert wird.

Insofern ist das Maß *Krisensignalisierungsquote* etwas befriedigender, das definiert ist als A/(A+C), d.h. als Anteil der 24 Monate vor einer Krise, in denen eine solche auch tatsächlich signalisiert wurde. Selbst wenn das Maß nicht unbedingt 100% ausweisen müßte, bspw. weil sich eine Krise erst im letzten Jahr vor Ausbruch erkennen läßt, so weisen doch hohe Ausprägungen grundsätzlich auf Verläßlichkeit hin.

Eine Art Gegenstück hierzu bildet die *Fehlsignalquote*, die alle falschen Krisensignale auf die Gesamtzahl solcher möglichen Fehler bezieht: B/(B+D). Um die Anzahl an Gütemaßen übersichtlich zu belassen, verzichten wir im folgenden auf die Analyse dieses Maßes.

Kaminsky et al. (1998, S.19) bevorzugen eine Kombination der beiden letztgenannten Maße, das sie als "*adjusted noise-to-signal ratio*" bezeichnen. Dieser Indikator mißt das Verhältnis zweier Anteile, des Anteils aller falschen zu den möglichen falschen Signalen, sowie den Anteil aller richtigen an den möglichen richtigen Signalen: [B/(B+D)] / [(A/A+C)]. Dieses Maß sollte möglichst niedrige Ausprägungen annehmen.

Eine Erweiterung des ersten Maßes stellt die Krisenwahrscheinlichkeit dar, A/(A+B). Hier wird gefragt, welchen Anteil tatsächliche Krisen an prognostizierten Krisensignalen haben.

Kritisieren läßt sich die Einbeziehung der ziemlich irrelevanten Fälle "D" in das vorletzte Maß bzw. die Vernachlässigung von "C" im letzten Maß. D bedeutet, daß ein Nichtereignis als solches erkannt worden ist und C, daß ein Krisensignal fälschlich gegeben wurde. Letztere Situation scheint aus wirtschaftspolitischer Sicht relevant, wenn man sich einmal eingeleitete Therapiemaßnahmen als Konsequenz von Krisensignalen vorstellt. Folglich könnten die Signale interessieren, die entweder mit Kosten oder mit Nutzen behaftet sind bzw. die Relation zueinander: (B+C)/(A+B+C), was man als *Fehlerquote* bezeichnen kann.

Tabelle 2: Gütemaße für Frühwarnindikatoren im Vergleich

Indikatoren (Veränderung der folgenden Größen)	Krisenerkennungsquote in % (1)	Krisensignalisierungsquote in % (2)	Angepaßtes "noise-to-signal"-Verhältnis (3)	Krisenwahrscheinlichkeit (4) in %	Fehlerquote in % (5)
Realer Wechselkurs	57	25	0,19	67	78
Auftreten einer Bankenkrise	37	19	0,34	46	85
Exporte	85	17	0,42	49	86
Aktienkurse	64	17	0,47	49	86
Geldmenge (M2) in Relation zu den Währungsreserven	80	21	0,48	46	83
Produktion	77	16	0,52	49	86
Freie Liquiditätsreserven	61	16	0,52	43	87
Währungsreserven	75	22	0,55	41	83
Geldmengenmultiplikator (M2)	73	20	0,61	40	85
Verhältnis einheimischer Kredite zu GDP	56	14	0,62	39	89
Realer Zinssatz	89	15	0,77	34	88
Exportpreise/Importpreise (Terms of Trade)	79	19	0,77	36	86
Reale Zinsdifferenz zum Ausland	86	11	0,99	29	91
Importe	54	9	1,16	26	93
Bankeinlagen	49	16	1,20	25	89
Kreditzins/Einlagenzins	67	13	1,69	18	92
Durchschnitt der ersten 12 Indikatoren	68	17	0,71	40	87

Vgl. Kaminsky et al (1998) für Spalten (1) bis (4); Spalte (5) berechnet aus dortigen Daten

Am Beispiel der Daten von Kaminsky et al. (1998, Table 1) läßt sich exemplarisch aufzeigen, wie unterschiedliche Gütemaße jeweils einen anderen Gesamteindruck von der Nützlichkeit von Frühwarnindikatoren liefern und wie einzelne Indikatoren dabei abschneiden.

Die Unterschiede in den Gütemaßen dürften hinsichtlich des Einsatzes vernünftig erscheinender Frühwarnindikatoren zunächst sehr vorsichtig stimmen. Die Prognosekraft kann vergleichsweise günstig erscheinen - wie bei der Krisenerkennungsquote, die eine Erfolgsquote von 68% nahelegt - oder auch ziemlich schwach - wie bei der Fehlerquote, die eine Erfolgsquote von nur 15% suggeriert. Weiterhin zeigt ein Blick auf einzelne Indikatoren, daß diese je nach Gütemaß auch recht unterschiedlich abschneiden können.

Versetzt man sich in die Lage der Wirtschaftspolitik, so helfen solche Maße, die nur einen der beiden in Tabelle 1 aufgeführten Fehlermöglichkeiten berücksichtigen, nicht weiter. Ein fälschlich eingeleitetes Stabilisierungsprogramm verursacht volkswirtschaftlich ähnliche (Opportunitäts-)Kosten wie ein fälschlich unterlassenes Programm. Ferner nützt es der Wirtschaftspolitik wenig, sich "gesund zu rechnen", indem sie sich Erfolge zuschreibt, wenn sie richtigerweise nicht in Märkte eingegriffen hat. Aus wirtschaftspolitischer Perspektive sind also diejenigen Fälle von Bedeutung, in denen man handeln soll oder fälschlich gehandelt hat.

Aus dieser Perspektive ist am ehesten das Maß der Fehlerquote zu wählen. In dieser Hinsicht schneiden die bei Kaminsky et al. (1998) diskutierten Frühwarnindikatoren insofern schlecht ab, als die Fehlerquote immer über 77% liegt. Würde man argumentieren, daß eine unterlassene wirtschaftspolitische Maßnahme zwar Opportunitätskosten mit sich bringe, aber in diesem Fall, da es keine besseren Alternativen gebe, auch unberücksichtigt bleiben könnte, so könnte man auf das Maß der Krisenwahrscheinlichkeit ausweichen. Dessen Ergebnisse fallen um einiges freundlicher aus, wenngleich auch nicht gerade überzeugend: Mit Ausnahme eines Indikators werden in allen anderen Fällen mehr falsche als richtige Signale gegeben.

Zwei Verbesserungsrichtungen sind in der Literatur bislang vor allem beschritten worden: Zum einen kann man den Krisenindikator so umstellen, daß er mehrere Größen kombiniert und damit mehr berücksichtigt (bspw. Radelet und Sachs 1998). Zum anderen kann man versuchen, den Indikator "feiner einzustellen", indem man die Ländergruppe verkleinert bzw. den berücksichtigten Zeitausschnitt verkürzt (vgl. Berg und Patillo 1998).

Ein Beispiel für die Feineinstellung, das zugleich die Problematik erhellt, liefert Schnatz (1998a). In einem ersten sehr breiten Ansatz, im Grunde ähnlich dem von Kaminsky et al. (1998) ermittelt er makroökonomische Bestimmungsgründe von Währungskrisen (Schnatz 1998a). Dabei mag sich das beruhigende Gefühl einstellen, einen verläßlichen Zusammenhang zwischen Makrofundamentals und Krise identifiziert zu haben. Wird dieser gefundene Zusammenhang allerdings auf die Asienkrise prognostisch angewandt, so versagen die Indikatoren komplett: Es wäre eben keine Krise vorhergesagt worden.

Wenn man es also nüchtern betrachtet, dann reduziert sich das prognosefähige Wissen über die Ursachen von Währungskrisen auf einige wenige Fundamentaldaten. Eine Überbewertung einer Währung, eine Bankenkrise, ein Exporteinbruch und Ähnliches erhöhen die Wahrscheinlichkeit für eine Währungskrise – nur reicht diese Art von qualitativem Wissen nicht für handlungsleitende Frühwarnindikatoren. Mehr aus den verfügbaren Indikatoren ableiten zu wollen, scheint derzeit eine "Anmaßung von Wissen" (Hayek 1975) zu sein.

(2) Frühwarnindikatoren für Bankenkrisen

Vieles was im letzten Abschnitt zu Frühwarnindikatoren für Währungskrisen ausgeführt wurde, gilt ganz ähnlich bei Bankenkrisen. Von daher können die folgenden Ausführungen kürzer ausfallen, ohne daß dies geringere Bedeutung signalisieren soll.

Ein grundlegender Artikel, der in mancher Hinsicht ähnlich zu Kaminsky et al. (1998) aufgebaut ist, allerdings von vornherein einen mehrere Größen gleichzeitig berücksichtigenden Ansatz verfolgt, wurde von Demirgüc-Kunt und Detragiache (1998) publiziert. Das Spezifische an ihrer Studie ist, daß sie neben den zu erwartenden makroökonomischen Einflüssen die Bedeutung institutioneller Gegebenheiten herausstellen. An signifikanten Makrodeterminanten ergibt sich bei ihnen ein Wachstumsrückgang, der die Kreditqualität reduziert, ein Realzinsanstieg, der ebenfalls die Rentabilität ceteris paribus senkt und eine erhöhte Inflation, was sie als Hilfsgröße für eine verfehlte makroökonomische Stabilisierungspolitik interpretieren. Weiterhin erweist sich eine außenwirtschaftliche Größe als maßgeblich, das Verhältnis von inländischer Geldmenge M2 zu den Devisenreserven, das etwas über die Verwundbarkeit bei eventuellen Kapitalabflüssen aussagt. Schließlich schätzen die Autoren auch den Einfluß einer Einlagenversicherung sowie eines Indikators für Rechtssicherheit ("law and order") aufgrund ihrer Arbeit als relevant ein.

Allerdings wird dabei nur am Rande auf prognostische Gesichtspunkte eingegangen (S. 97f.). Zwar äußern sich Demirgüc-Kunt und Detragiache (1998) grundsätzlich optimistisch zu den Möglichkeiten, doch der Fall der

Währungskrisen stimmt eher skeptisch. Man kann aus einer grundsätzlichen ex-post-Erklärbarkeit nicht auf wirtschaftspolitisch nutzbare Vorhersagen schließen. Geht man mit dieser kritischen Einstellung an die gemachten Angaben zu den 23 Krisenfällen heran, so wird man kaum überzeugt werden. Ein Viertel der Krisen wird nicht vorhergesagt, weil die Krise wenigstens ein Jahr zu früh prognostiziert wurde. Bei einem weiteren Drittel wird die Krise im selben Jahr vorhergesagt. Ferner fehlen Angaben zu fälschlich angekündigten Krisen und schließlich ist nicht ganz klar, anhand welchen Kriteriums eine Krise vorhergesagt wird. Etwas anders gehen Hardy und Pazarbasioglu (1998) vor, die sich insbesondere für zeitliche Strukturen, also vor allem Vorläufe, und Länderspezifika interessieren – beides kommt bereits im Titel ihres Aufsatzes zum Ausdruck. Als Ergebnis heben sie hervor:

- den fundamental-ökonomischen Charakter von Bankenkrisen (S. 25),

- eine befriedigende Prognosefähigkeit ihres Indikator-Modells ("the model's ability to predict ... crisis years on the basis largely of lagged indicator variables seems satisfactory", S.17),

- sowie die Besonderheit der asiatischen Krise ("... these crises were not precided by the typical macroeconomic disturbances", S.17).

Bei kritischer Betrachtung der Ergebnisse kann man allerdings auch feststellen, daß die meisten Probleme unentdeckt bleiben und keine Aussage über fälschlich prognostizierte Krisen erfolgt. Außerdem läßt sich beobachten, daß es auch schwerwiegende Bankensektorprobleme gibt, ohne daß es deshalb zu einem Krisenausbruch kommen muß.

Eine Variation des Themas liefern schließlich Eichengreen und Rose (1998). Das Besondere ihrer Untersuchung ist zum einen die Beschränkung auf Entwicklungsländer, die zum anderen damit zu tun hat, daß sie die Einflüsse externer Entwicklungen isoliert betrachten wollen. In erster Linie geht es dabei um Zinsniveauänderungen in den Industrieländern, die sich der Untersuchung zufolge negativ auf die Entwicklungsländerbanken auswirken und signifikant die Wahrscheinlichkeit von Krisen erhöhen. Zur Absicherung dieses Ergebnisses verwenden die Autoren einige Kontrollgrößen, wie eine Wachstumsabschwächung und Wechselkursveränderungen, die ebenfalls Beiträge zur Krisenerklärung liefern.

Aus einer kritischen Perspektive zeigt diese Studie erneut, daß Banken in einem wirtschaftlich schwierigen Umfeld eher in Krisen geraten und daß zu diesem Umfeld das Weltzinsniveau sowie eine Wachstumsabschwächung in den Industrieländern zählen, doch reicht dies nicht für einen verläßlichen Frühwarnindikator.

Insofern ergibt sich aus allen aufgeführten Studien, ohne hier auf die technischen Details einzugehen, doch ein grundsätzlich ähnliches Bild wie bei den Währungskrisen: Erstens sind die empirischen Studien recht unterschiedlich angelegt, angefangen von der Krisendefinition über das Ländersample, die technische Vorgehensweise bis zu den berücksichtigten Erklärungsgrößen. Folglich ist nicht klar, inwieweit abweichende Ergebnisse auf die Verfahren zurückzuführen sind.

Zweitens sind die Prognoseeigenschaften unbefriedigend, wenn man die Wirtschaftspolitik systematisch danach ausrichten wollte. Weder werden die meisten Krisen erfaßt, noch lassen sich Fehler vermeiden oder ist evident, welche Politik verfolgt werden sollte.

(3) Beziehungen zwischen Währungs- und Bankenkrisen?

Bisher waren wir davon ausgegangen, daß es sich bei Währungs- und Bankenkrisen um zwei voneinander unabhängige Phänomene handelt. Allerdings zeigen schon die jeweils relevanten Einflußfaktoren, daß es eine starke Verbindung zwischen beiden Krisenarten gibt. Dies wirft im weiteren drei Probleme auf:

- Die Ähnlichkeit deutet an, daß man mit starken Ansteckungseffekten rechnen muß, die aufgrund wirtschaftlicher Beziehungen entstehen, d.h. fundamental bedingt sind. Ansteckung bedeutet immer dann sehr verkürzte Vorkrisenperioden, wenn die Ursachen nicht in den Problemen der betroffenen Volkswirtschaft liegen.

- Verschärft wird das Ansteckungsproblem durch die Möglichkeit nichtfundamentaler Ansteckung, die artbedingt nicht wirklich (fundamental) prognostiziert werden kann.

- Wenn die Krisenursachen ähnlich sind, gibt es dann auch eine gleichartige wirtschaftspolitische Reaktion auf Währungs- und Bankenkrisen? Wenn aber unterschiedlich reagiert werden müßte, reicht dann die Prognosegenauigkeit aus?

Es existiert bereits eine umfangreichere Literatur darüber, welche Transmissionskanäle zwischen Währungs- und Bankenkrisen im nationalen Rahmen, für jede Krisenart im internationalen Rahmen und schließlich "überkreuz" im internationalen Rahmen existieren (können) (bspw. Miller 1998 oder Kaminsky und Reinhart 1999). Ohne darauf näher einzugehen ist plausibel, daß innerhalb einer Volkswirtschaft ein kränkelnder Finanzsektor eine volkswirtschaftliche Schwäche ausdrückt und daß umgekehrt eine (drohende) Abwertung das makroökonomische Risiko im Finanzsektor erhöht (da die Nachteile nicht perfekt von den damit einhergehenden Vorteilen aufgefangen werden). Sind nun die Volkswirtschaften miteinander verflochten, so bestehen zwingende Transmissionskanäle. So wirkt sich etwa die Bankenkrise im Ausland negativ auf die einheimischen Banken aus, die dort Kredite vergeben, Kunden haben oder Geschäftsbeziehungen unterhalten usw. Als letzter Aspekt soll noch hervorgehoben werden, daß es nicht einmal der direkten Beziehung zwischen zwei Volkswirtschaften für eine Währungsansteckung bedarf, wenn beide auf dem Weltmarkt konkurrieren.

Unterstellt man solcherart Ansteckungen als gegeben, so verkompliziert sich dadurch das Prognoseproblem, da es neben externen Einflüssen, auf die Eichengreen und Rose (1998) aufmerksam gemacht haben, noch Krisenübertragungen gibt. Deren Kennzeichen ist gerade ihre Heftigkeit in der Beeinflussung von Fundamentaldaten, was eine Prognose erschwert. Dazu kommt noch eine Unbestimmtheit, da auch erklärt werden muß, wie sich eine Krise ausbreitet, also welches Land sie wann in welcher Stärke ansteckt. Insofern kann man sich zwar gegen das prinzipielle Problem der Ansteckung durch eine international ausgerichtete Perspektive wappnen, doch ergeben sich damit zusätzliche, unvermeidbare Unschärfen. Alles in allem erschwert also Ansteckung die Funktionsfähigkeit irgendwelcher Frühwarnindikatoren.

Diese Schwierigkeit wird naturgemäß im Fall nicht-fundamentaler Ansteckung erheblich verschärft, wenn nicht gar unmöglich gemacht. Es ist gerade das Merkmal nicht-fundamentaler Ansteckung, daß sie mit Indikatoren, die ökonomische Probleme fundamental analysieren, nicht entdeckt und damit prinzipiell nicht prognostiziert werden kann. Dies wäre bedeutungslos, wenn es nicht ernstzunehmende Hinweise auf die tatsächliche Existenz dieses Phänomens gäbe. Zu nennen sind hier als recht frühe Quelle der jüngeren Literatur: Eichengreen et al. (1997), bezogen auf die Asienkrise Fratzscher (1998) oder zuletzt ausführlicher IMF (1999e, Kapitel III).

(4) Bewertung von Frühwarnindikatoren

Frühwarnindikatoren kommt in vielen Vorschlägen zur Reform des Weltfinanzsystems eine positive Rolle zu. Frühwarnsysteme sollen die Marktteilnehmer rechtzeitig auf kommende Probleme hinweisen und den Politikverantwortlichen Zeit für Gegenmaßnahmen geben. So plausibel im Grunde diese Idee ist, so wenig scheint sie zum gegenwärtigen Zeitpunkt realisierbar, und es gibt gute Gründe anzunehmen, daß dies auch in absehbarer Zeit so bleiben wird:

- Erstens weisen die derzeit verfügbaren Indikatoren eine Instabilität hinsichtlich ihrer relativen Bedeutung auf, die sich in mangelnder Prognosekraft ausdrückt, wie bspw. im Fall der Asienkrise.
- Zweitens scheinen sich im Zeitablauf neue Krisentypen herauszubilden, eine Entwicklung, die prinzipiell weitergehen könnte und detaillierteren Prognoseversuchen die Grundlage entzieht (Rodrik 1998).
- Drittens werfen diese Gesichtspunkte die Frage auf, ob nicht generell Krisen das allgemeine Prognoseproblem ökonomischer Systeme dramatisch verschärfen. Ist schon jegliche Vorhersage in "normalen Zeiten" aufgrund der zahlreichen möglichen Verhaltensänderungen und komplexen Beziehungen mit erheblicher Unsicherheit behaftet, so sind Krisen gerade dadurch gekennzeichnet, daß es zu abrupten Verhaltensänderungen und damit auch zu neuen Beziehungsmustern kommen kann.

Hält man diese Argumente für tragfähig, so wird man von jeglicher Verfeinerung irgendwelcher Indikatoransätze nicht allzu viel erwarten. Insofern spricht viel für die Vermutung, daß Frühwarnindikatoren ihren eigentlichen Zweck nicht erreichen: Die Indikatoren werden nicht in der Lage sein - bei halbwegs vertretbaren Nutzen-Kosten-Relationen – tatsächlich früh zu warnen. Darum sind sie zwar von akademischem, nicht aber von wirtschaftspolitischem Interesse (vgl. auch Eichengreen 1999).

3.3 Verbesserung der Finanzmarktregulierung

Die Verbesserung der Finanzmarktregulierung hat im Rahmen der impossible trinity an den Finanzmärkten (vgl. Schaubild 2) einen zentralen Stellenwert. Tendenziell trägt eine bessere Finanzmarktregulierung zur Stabilität der Märkte bei. Latent schwingt hierbei ein Konflikt mit dem Allokationsziel mit, weil sehr starke Regulierung Marktmechanismen ansatzweise blockiert. Man kann sich aber einen optimalen Regulierungsgrad vorstellen, der – idealtypisch - negative volkswirtschaftliche Kosten internalisiert. Auf nationaler Ebene läßt sich dies zwar relativ einfach erreichen, geht dann aber zu Lasten des Ziels globaler Finanzmärkte. Stellt man letzteres in den Vordergrund, dann wird man mit Abstrichen in der Durchsetzung erwünschter Regulierung rechnen müssen.

34 3 Reformvorschläge der mikroökonomischen Governance

Die Sinnhaftigkeit einer Finanzmarktregulierung ergibt sich aus möglichen negativen Externalitäten, die bei Finanzinstitutionen auftreten können. Im Kern entstehen diese Risiken durch Anreize für Management und/oder Eigenkapitalgeber, eine übermäßig riskante Unternehmenspolitik zu verfolgen ("moral hazard"). Die Übermäßigkeit kommt darin zum Ausdruck, daß die bewußt eingegangenen Risiken nicht durch die zu erwartenden Erträge angemessen kompensiert werden. Wenn die Umstände sich als glücklich erweisen, dann geht die allzu riskante Strategie gut, doch letztlich spielen die Verantwortlichen mit dem Zufall (vgl. ausführlich bspw. Hartmann-Wendels et al. 1998, S. 321ff.).

Diese Zusammenhänge treffen grundsätzlich auch auf Unternehmen zu, ohne daß der Gesetzgeber in dem Maße wie bei Banken regulierend eingreifen würde. Daß dies bei Finanzinstitutionen, insbesondere Kreditinstituten, geschieht, ist im wesentlichen auf zwei Gründe zurückzuführen: Zum einen sind diese fragiler, weil sie mit einem vielfach niedrigeren Eigenkapitalanteil arbeiten, zum anderen sind die möglichen volkswirtschaftlichen Schäden größer, weil es relativ leicht zu Ansteckungseffekten mit systemgefährdendem Ausmaß kommen kann.

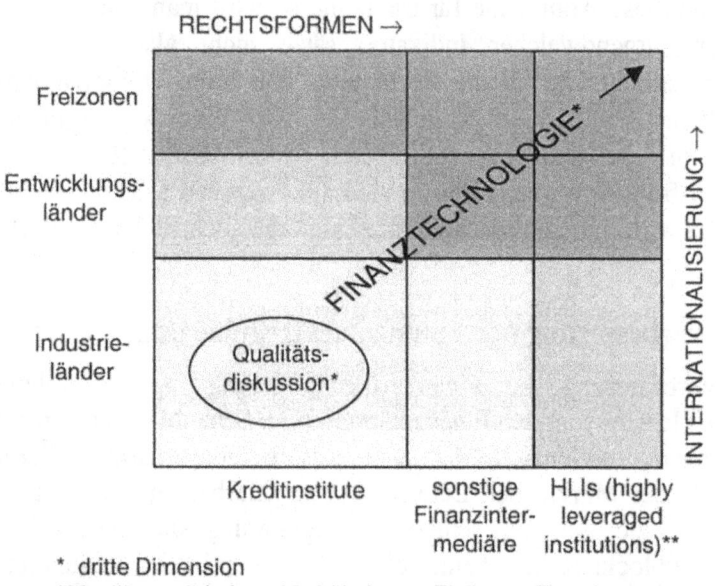

Schaubild 3:   Drei Dimensionen der Regulierungsvermeidung

Diese Überlegungen sind nicht rein theoretischer Natur, wie schon die obige Beschäftigung mit Bankenkrisen gezeigt hat. Dementsprechend ist auch weltweit zu beobachten, daß Finanzinstitutionen reguliert werden. Wenn also Einigkeit über das grundlegende Problem sowie Einigkeit über den grundsätzlich regulierenden Umgang damit besteht, was wird dann im Rahmen der Reform der Weltfinanzordnung debattiert? Im wesentlichen scheint dies u.E. drei Dimensionen zu betreffen, die nicht zuletzt die Möglichkeiten widerspiegeln, den relativ strikten Regulierungsauflagen für Kreditinstitute in Industrieländern auszuweichen. Je dunkler die Flächen in Schaubild 3 markiert sind, desto größer ist das Ausmaß der Regulierungslücken:

- Die Internationalisierung, vor allem auch die Betätigung in Bankenfreizonen, bietet gezielt nutzbare Freiräume in dem Sinne, daß besonders riskante Aktivitäten in weniger strikt regulierte Räume verlagert werden können.

- In rechtlicher Sicht entstehen schließlich Finanzintermediäre, die nicht mehr der vergleichsweise strikten Bankenregulierung unterliegen, aber ihren Eigentümern ähnliche Möglichkeiten risikobehafteter und damit meist auch profitabler Betätigung bieten.

- Schließlich erlaubt die ständig weiterentwickelte *Finanztechnologie*, die man auch als Handelbarmachung von Risiken auffassen kann, neue Möglichkeiten, gewagte Risikopositionen einzugehen. Diese sind insofern aufsichtsrechtlich problematisch als erstens keine Erfahrungen mit ihnen bestehen, diese zweitens dadurch erschwert werden, daß die Konstruktionen komplex und damit schwer durchschaubar sein können, und drittens enorme Hebelwirkungen ganz kurzfristig darstellbar sind.

Die drei genannten Bereiche diskutieren wir in den folgenden fünf Abschnitten intensiver. Abschnitt (1) geht auf die Dimension der Internationalisierung, hier bezogen auf Kreditinstitute ein. Der darauf folgende Abschnitt (2) skizziert einige Probleme und Initiativen bezüglich weniger stark regulierter Rechtsformen. Aspekte der beiden ersten Problemkreise werden in Abschnitt (3) thematisiert, da das Financial Stability Forum, das hier vorgestellt wird, genau auf Mängel internationaler Harmonisierung zielt. Abschnitt (4) behandelt das Bemühen um inhaltliche Reformen, die der Regulierungsaufweichung aufgrund fortschreitender Finanztechnologie entgegenwirken sollen, wieder konzentriert auf Kreditinstitute. Ansätze, die diesbezüglich den derzeitigen Regulierungsrahmen überschreiten, stellen wir in Abschnitt (5) kurz vor.

(1) Internationale Vereinheitlichung der (Banken-)Regulierung

Vom oben erwähnten Grundproblem, der möglicherweise übermäßig riskanten Unternehmenspolitik, ausgehend, zielen die Regulierungsinstrumente auf eine Risikobegrenzung. Sie sollen Unvollkommenheiten des Marktes heilen oder doch wenigstens begrenzen: Aus gesamtwirtschaftlicher Sicht soll damit die Lücke zwischen einzel- und gesamtwirtschaftlichen Anreizen verkleinert werden, aus einzelwirtschaftlicher Sicht soll das Ziel der Unternehmenswertmaximierung (bei adäquater Risikobewertung) gestützt werden.

Ohne hier im Detail auf die verschiedenen Instrumente der Risikobegrenzung einzugehen, kann man doch sagen, daß die Eigenkapitalregulierung wohl das Kernstück des derzeitigen Ansatzes darstellt: "Das Einmaleins der Bankenaufsicht beginnt jedoch auch im Zeitalter der Globalisierung unverändert bei der ausreichenden Eigenkapitalausstattung der Institute" (Meister 1999, S. 2). Die Grundüberlegung dahinter ist sehr einleuchtend, wenn man einmal vereinfacht die Anreize nur von Eigen- und Fremdkapitalgebern berücksichtigt: So lange wie das Kreditinstitut nicht in seiner Solvenz bedroht ist, kann man davon ausgehen, daß die Eigenkapitalgeber im Unternehmensinteresse handeln, während die Fremdkapitalgeber zu risikoavers sind.

Bei Solvenzgefährdung dreht sich diese Situation um, denn dann lohnt sich für die Eigenkapitalgeber eine Alles-oder-Nichts-Strategie, während die risikoscheue Haltung der Fremdkapitalgeber vergleichsweise angemessen ist. Überpointiert kommt es also darauf an, die Solvenzgefahr zu verhindern, wozu Mindestvorschriften für Eigenkapitalbereitstellung beitragen.

So gesehen vermeiden die Eigenkapitalnormen tendenziell eine Unterkapitalisierung, blockieren damit Anreize für Moral Hazard der Eigentümer und schützen durch diese Bestandssorge letztlich die Einleger. Gleichzeitig wirken sie auf das Anreizproblem zwischen Eigentümern und u.U. allzu risikofreudigen Managern ein, indem sie dem Management eine risikobegrenzte Politik aufzwingen. Insofern sollen also die Interessen der vier unmittelbar beteiligten Gruppen gewahrt bleiben:

- Das Management soll nicht die Eigenkapitalgeber "ausbeuten".

- Die Eigenkapitalgeber sollen nicht in eine Situation geraten, in der sie die Einlagen aufs Spiel setzen.

- Die Einleger sollen geschützt und von einem Bankenrun abgehalten werden.
- Die Kontinuität der Kreditversorgung in der Volkswirtschaft soll gewährleistet bleiben.

> **Box 6: Große Bedeutung der Banken in Entwicklungsländern**
>
> Aus Statistiken ist zu entnehmen, daß die Bedeutung von Banken als Zwischenglied zwischen Anlegern und Kreditnehmern - man spricht hierbei von der Rolle als Finanzintermediäre - in Entwicklungsländern besonders hoch ist. Diese Bedeutung läßt sich anhand der Vermögenswerte der Banken in Relation zu den Vermögenswerten aller Finanzinstitutionen (diese schließen insbesondere Versicherungen und Vermögensfonds ein) messen. Wie die Abbildung zeigt, ergeben sich für asiatische und lateinamerikanische Länder deutlich höhere Relationen als für die drei größten Industrieländer (G-3) der Welt. Während der Durchschnitt in den asiatischen Ländern bei etwa 70 Prozent und in den Ländern Lateinamerikas bei rd. 85 Prozent liegt, beträgt die Relation in den USA nur etwa 20 Prozent und in Japan etwas über 40 Prozent. Die innerhalb der Gruppe der G-3 vergleichsweise hohe Relation in Deutschland ist durch das hier geltende Universalbankensystem zu erklären.
>
> Die große Bedeutung des Bankgeschäftes in Entwicklungsländern, die durch die stilisierten Fakten in der Abbildung zum Ausdruck kommt, legt es nahe, daß der Bankenaufsicht in den Entwicklungsländern zur Sicherung der Stabilität der Finanzsysteme große Bedeutung zukommt.
>
>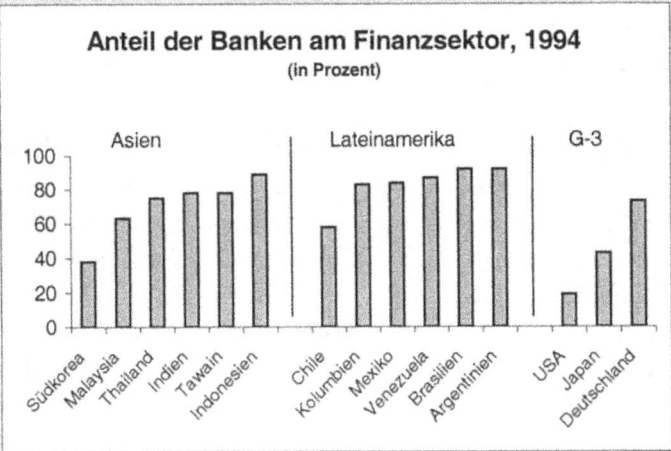
>
> Quelle: Weltbank (1999)

Diese Überlegungen begründen eine nationale Eigenkapitalnormierung, wie sie im Prinzip festzustellen ist, aber noch keine internationale Vereinheitlichung. Der internationale Aspekt ergibt sich allerdings logisch, wenn man die nationalen Bankensysteme als Konkurrenten betrachtet. Dann tritt das Anreizproblem möglicherweise übermäßig riskanter Unternehmenspolitik erneut auf: Für ein einzelnes Land kann es bei internationalen Finanzmärkten vorteilhaft sein, die Eigenkapitalnormen etwas niedriger als die Konkurrenten, d.h. die anderen Länder, anzusetzen, um somit "seinen" Banken einen Wettbewerbsvorteil zu verschaffen. Der Nachteil dieser nationalen Regulierungsstrategie liegt in der größeren Gefahr eines Bankenzusammenbruchs im betreffenden Land, also einer Vergrößerung des systemischen Risikos. Bei internationalen Märkten allerdings betrifft dieses erhöhte Risiko wegen der Ansteckungsgefahr auch die anderen Länder. Folglich ergibt sich eine Asymmetrie zwischen Nutzen, die einem Land allein zugute kommen, und Kosten, die vermutlich international verteilt werden. Tendenziell ergibt sich somit für Länder, die weniger strikt regulieren, eine Art free rider-Position.

Der Anreiz zu dieser Politik wird noch dadurch verstärkt, daß das Risiko möglicherweise nicht einmal im betreffenden Land steigt, so lange es vorprescht. Durch die großzügigere Regulierung erhalten die dort beheimateten Institute einen preislichen Wettbewerbsvorteil, den sie unter Wettbewerbsbedingungen (teilweise) an ihre Kunden weitergeben. Dieser im internationalen Markt einmalige Konkurrenzvorteil bringt diese Banken in die komfortable Position, tendenziell ihre Kunden "auswählen" zu können. Bei gewisser Transparenz über deren Ausfallrisiko ergibt sich somit der perverse Fall, daß eine riskantere Regulierungspolitik das Niveau der eingegangenen Ausfallrisiken teilweise senken kann.

Das letzte Argument verstärkt nochmals die Bedeutung einer international einheitlichen Bankenregulierung. Mit der zunehmenden Globalisierung der Finanzmärkte hat der Druck in dieser Richtung zugenommen, so daß es Ende der 80er Jahre im Koordinierungsrahmen der Bank für Internationalen Zahlungsausgleich (BIZ) – konkret dem Cooke-Komitee - zu einer ersten umfassenden, international ausgehandelten Richtlinie kam. Diese wurde – aus deutscher Perspektive - in einer EU-Richtlinie weitgehend übernommen und schließlich in nationales Recht übersetzt. In den 90er Jahren wurde dieser Ansatz dann modernisiert und wiederum nach und nach in nationales Recht übernommen.

3.3 Verbesserung der Finanzmarktregulierung   39

Im Hinblick auf die internationale Vereinheitlichung erfolgte damit ein großer Schritt, doch verbleiben immer noch zahlreiche Probleme im Detail:

- In den Ausführungsbestimmungen unterscheiden sich die Richtlinien von Land zu Land.
- Selbst bei gleichem Wortlaut ergeben sich aufgrund unterschiedlicher Bedingungen im Rechnungswesen materielle Differenzen.
- Ein identischer rechtlicher Rahmen mag durch unterschiedliche Praktiken trotzdem zu faktisch variierenden Ergebnissen führen.

Box 7: Hoher Umfang von notleidenden Krediten in Bankenkrisen

Bei Bankenkrisen kommt es praktisch immer zu einer hohen Zahl von notleidenden Krediten. Sie werden im Zuge der Asienkrise auf einen Anteil von 40 bis 50 Prozent des gesamten ausstehenden Kreditvolumens geschätzt. Nicht selten führt dies mit zur Schließung von Banken verbunden. Dies kann als Hinweis auf die Ernsthaftigkeit des Problems der Bankenkrisen interpretiert werden.

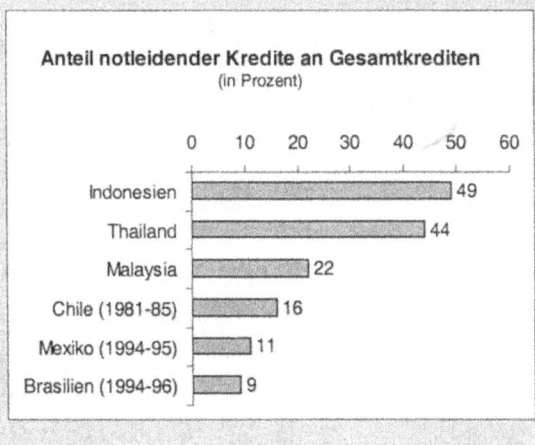

Quelle: Weltbank (1999)

Selbst die gleichen Praktiken in der Umsetzung der Regulierung können in der jüngst verabschiedeten Fassung der Bestimmungen zu unterschiedlichen Ergebnissen führen, da den Kreditinstituten ausdrücklich die Verwendung eigener Risikosteuerungsmodelle gestattet wird, die nur in den vorgegebenen Rahmen passen müssen. Dieser letzte Punkt international divergierender Regulierung ist allerdings, anders als die vorherigen, bewußt zugelassen worden.

Das zentrale Problem der internationalen Vereinheitlichung, wie sie derzeit betrieben wird, besteht in der Freiwilligkeit des Prozesses. Nur bei einer bestimmten Gruppe von Ländern spielt der Gesichtspunkt einer gegenseitigen Anerkennung überhaupt eine Rolle (z.B. der sogenannte "Europapaß"). Insofern sichert Freiwilligkeit auf der einen Seite möglicherweise überhaupt Ergebnisse – wenn man an die Langwierigkeit anderer internationaler Verhandlungen denkt – doch auf der anderen Seite gibt es nicht einmal für die gefundenen Vereinbarungen irgendeine Form der gesicherten Durchsetzung. Dies bedeutet auch, daß es keine internationale Transparenz über die tatsächlich praktizierte Regulierung gibt.

Insofern gibt es zahlreiche Reformvorschläge, die internationale Regulierung zu vereinheitlichen, sei es als schlichte Forderung ohne Konkretisierung, sei es mittels der geforderten Gründung einer neuen Regulierungsinstitution oder über die Verknüpfung von Regulierungsauflagen mit IWF-Kreditkonditionen. Hier zeigt sich das generelle Problem internationaler "Absprachen", wenn es auf der einen Seite Anreize für freerider-Verhalten gibt und auf der anderen Seite nur geringes Drohpotential besteht.

(2) Ausweitung der Regulierung auf andere Finanzinstitutionen

Selbst wenn die Bankenregulierung ausgefeilt und umgesetzt sein sollte, so haben doch die jüngeren Entwicklungen gezeigt, daß dies nicht ausreichend sein muß. In Asien bspw. gab es offensichtlich eine ganze Reihe von Finanzinstitutionen, bspw. Wertpapierinstitutionen, die schlechter (als die "regulären" Banken) reguliert waren, aber dennoch ähnliche Risiken eingehen konnten. Ein weiteres Feld sind Wertpapierfonds, deren Regulierung offensichtlich ebenfalls Lücken aufzuweisen scheint, wie dies für die mit großen spekulativen Engagements operierenden Hedge Funds behauptet wird, und wie es der Fall der LTCM gezeigt zu haben scheint.

Bezogen auf Wertpapierfirmen hat die International Organization of Securities Commissions (IOSCO) im Mai 1998 Empfehlungen für ihre Mitglieder erarbeitet, die das Risikomanagement und Kapitalanforderungen betreffen. Nach Ansicht der BIZ (BIS 1998, S. 23) würde eine Implementierung dieser Empfehlungen die Regulierungsdifferenz zwischen Banken und Wertpapierfirmen reduzieren, wenngleich offensichtlich nicht einebnen. Am wichtigsten scheint zu sein, daß damit die "model-based methodology", die verschiedene BIZ-Gremien im Laufe der vergangenen 10 Jahre für die Bankenaufsicht entwickelt und standardisiert haben, in prinzipiell ähnlicher Form dann auch für die Wertpapierfirmen gelten würde.

Bezogen auf Wertpapierfonds gibt es bisher nationale Regulierungsvorschriften, die schon im Gebiet der EU differieren. Der größere Freiheitsgrad beim Einsatz von Derivaten ist jedenfalls ein Grund, warum Fonds deutscher Investment-Gesellschaften in so großem Umfang in Luxemburg aufgelegt wurden. Bei Gesellschaften, die ihr Domizil an Offshore-Plätzen eingerichtet haben, dürfte der Regulierungsgrad nicht nur graduell liberaler sein, sondern ganz grundsätzlich erheblich niedriger liegen. Damit häufig, aber nicht zwingend verbunden stellt sich die Frage eventueller Regulierungslücken, wenn man an den Fall LTCM denkt.

Letztlich dürfte unstrittig sein, daß hier eine zweite Dimension der Regulierungsvermeidung besteht und – sofern man den Regulierungsansatz nicht ändern will – zukünftig möglichst abgedeckt sein sollte. Die Schwierigkeit liegt sicherlich primär im praktischen Bereich: Erst bedarf es auf nationaler Ebene einer jeweils umfassenden Einbeziehung anderer Finanzinstitutionen in einen einheitlichen Regulierungsrahmen, und dann muß auch international harmonisiert werden.

(3) Das Financial Stability Forum

Einen konkreten Ansatz um genau den letztgenannten Punkt einer internationalen Harmonisierung voran zu bringen, stellt das 1999 gegründete Financial Stability Forum, abgekürzt FSF, dar (auf deutsch: Forum für Finanzmarktstabilität). Nachdem die G7-Staaten ein entsprechendes Defizit im Oktober 1998 sozusagen offiziell festgestellt hatten, wurde der damals amtierende Präsident der Deutschen Bundesbank Tietmeyer mit der Vorlage eines Berichts beauftragt, um "... Vorschläge für eventuell erforderliche neue Strukturen und Regelungen zu unterbreiten" (Tietmeyer 1999a, S.5). Das wesentliche institutionelle Ergebnis dieses Berichts (Tietmeyer 1999a) ist die Einrichtung des FSF. In diesem Bericht werden – im Hinblick auf das Ziel angemessener Aufsicht und Überwachung der Finanzmärkte – drei Bereiche mit erheblichen Mängeln konstatiert: erstens Verletzbarkeit und systemisches Risiko, zweitens die Durchsetzung von Standards und Verhaltensregeln sowie drittens die Verbesserung übergreifender Aufsicht. Dementsprechend werden dann die Themen für die zukünftige Arbeit definiert (vgl. Tietmeyer 1999, S.3). Sowohl den Mängeln als auch den zu behandelnden Themen gemeinsam ist ihr übergreifender Charakter, d.h. sie sind international, gehen über die traditionelle Bankenregulierung hinaus und haben eine makroökonomische Dimension vor Augen (das systemische Risiko). Die beiden ersten dieser drei übergreifenden Felder waren oben in den Abschnitten (1) und (2) behandelt worden und das dritte, die Makrodimension, soll durch die Institutionalisierung des Gremiums als einen relevanten Rahmens für den Informations- und Gedankenaustausch erörtert werden. Um das Anliegen mit einem Schlagwort zu charakterisieren, kann man von der Stoßrichtung verbesserter "Koordinierung" sprechen (Tietmeyer 1999a).

Mitglieder	Anzahl	Arbeitselemente
G7-Länder mit je 3 Vertretern (Finanzministerium, Zentralbank, Aufsichtsbehörde)	21	• Treffen mind. 2x jährlich • Bildung aufgabenbezogener Arbeitsgruppen
Weitere Finanzzentren mit je einem Vertreter	4	
Internationale Finanzinstitutionen: IWF, Weltbank je 2	4	• permanente Vorsitzendengruppe: Vorsitzender, IFIs je 1, int. Regulierungsgruppen je 1 (=6 Personen)
andere internat. Organisationen: BIZ, OECD je 1	2	• Sekretariat bei der BIZ in Basel • Arbeitskräfte von BIZ und IFIs, die in Basel bzw. Washington bleiben
internationale Regulierungsgruppen: BCBS, IOSCO, IAIS je 2	6	
		→ freiwillige Kooperation der Beteiligten
Zentralbankexpertengruppen: CGFS, CPSS je 1	2	→ Vorschlagsrecht für Reformen an G7 usw.
Vorsitzender ad personam bestimmt, 1999-2001: Andrew Crockett	1	→ keine Sanktionierungsinstrumente in Händen des FSF
	40	

G7-Länder: Deutschland, Frankreich, Großbritannien, Italien, Japan, Kanada, USA
Weitere Finanzzentren: Australien, Hongkong, Niederlande, Singapur
BCBS: Basle Committee on Banking Supervision
IOSCO: International Organization of Securities Commissions
IAIS: International Association of Insurance Supervisors
CGFS: Commitee on the Global Financial System
CPSS: Commitee on Payment & Settlement Systems

Schaubild 4: Die institutionelle Struktur des Financial Stability Forum (FSF)

Die institutionelle Ausgestaltung des FSF spiegelt den derzeitigen Stand der internationalen Regulierung von Finanzmärkten wider (vgl. Schaubild 4). Zum einen ist die Zusammensetzung des Gremiums sehr divers, da alle wesentlichen Staaten und Organisationen beteiligt werden sollten. Zum anderen hat das Gremium keinerlei Sanktionsmöglichkeiten zur Verfügung, da es keine verbindliche internationale Ordnung gibt, die es durchsetzen könnte. Immerhin ist mit dem FSF ein Gesprächsforum geschaffen, das die schon bestehenden Kontakte auf eine breitere und systematischere Basis stellt.

Kritische Anmerkungen zum FSF richten sich natürlich gerade gegen dessen Zusammensetzung und fehlende Sanktionierungskraft. Auf der einen Seite scheint das Gremium mit über 30 Mitgliedern fast schon zu groß besetzt, um wirkungsvoll arbeiten zu können, auf der anderen Seite fehlen die immer bedeutsamer werdenden Mitglieder aufstrebender Staaten. So haben heute China, Korea, Südostasien oder große Bereiche Lateinamerikas für die Weltwirtschaft sicher eine vergleichbare Bedeutung wie das G7-Mitglied Kanada, in mancher Hinsicht wohl auch wie einzelne europäische Teilnehmerländer. In diesem Konflikt zwischen Arbeitsfähigkeit und Repräsentativität hat sich der konstituierende Vorschlag offensichtlich eher am ersten Gesichtspunkt ausgerichtet. Ergänzend mag die Überlegung hinzugekommen sein, daß die Schwellenländer eben noch nicht über die fortgeschrittenste Kompetenz in Regulierungsfragen verfügen. Als Auswege deuten sich an, entweder Gäste hinzuzuladen (wie beim Treffen im Herbst 1999) oder das FSF in beschränkte und erweiterte Arbeitskreise zu gliedern (vgl. Tietmeyer 1999a).

Was die zweite Kritik, die Sanktionierungskraft, anbelangt, so kann diese im Rahmen der bestehenden Ordnung nicht verliehen werden. Die einzige Sanktionsinstanz – und dies auch nur mit begrenzter Durchsetzungskraft – ist derzeit der IWF. Will man hier mehr Schlagkraft erzielen, so muß man die Kooperation um Disziplinierungsinstrumente des IWF ergänzen und dann das Gremium sinnvollerweise dort verankern oder aber neue Sanktionsinstrumente schaffen. Letzteres ist aber derzeit offensichtlich von den Entscheidungsträgern nicht gewollt, selbst wenn von manchen Beobachtern entsprechende Instrumente angemahnt werden. Insofern kann man sich mit Phantasie und langfristiger Perspektive vorstellen, daß das FSF einmal als Nukleus engerer internationaler Zusammenarbeit gedeutet werden wird – doch im Moment ist dies Spekulation.

(4) Inhaltliche Verbesserung der Bankenregulierung

Sofern man den bisherigen Regulierungsansatz befürwortet, bedarf es allerdings nicht nur einer internationalen Vereinheitlichung und Verbreiterung sowie einer verbesserten internationalen Kooperation, sondern auch einer fortwährenden inhaltlichen Anpassung der Regulierung an neue Entwicklungen auf den Finanzmärkten. Diese Anpassungen sind in der Vergangenheit fortwährend vorgenommen worden und haben in Deutschland zu zahlreichen Änderungen des entsprechenden Kreditwesengesetzes (KWG) geführt. Den dahinter stehenden Trend kann man so kennzeichnen, daß die Regulierung im Zeitablauf umfassender und marktnäher geworden ist. Beides ist logische Konsequenz der Umfeldänderungen.

Vom Umfang her gesehen konzentrierte sich die Regulierung "ursprünglich" vor allem auf die bilanziellen Ausfallrisiken, also das traditionelle Kreditgeschäft, weil dieses dominierte. Bei vergleichsweise weniger entwickelten Kapitalmärkten, anfangs noch administrierten Zinssätzen, erst allmählich liberalisiertem Kapitalverkehr und vernachlässigbaren Derivaten entsprach die einfache Regulierung der 60er Jahre trotzdem ganz gut den Erfordernissen. Mit den Umfeldänderungen entstehen neue Risiken für die Banken, primär in Form von Marktrisiken und aus neuartigen nicht-bilanziellen Positionen. Die Diskussionen im schon erwähnten Cooke-Komitee reflektieren diese neue Welt immerhin zum großen Teil und sind dann in der jüngsten KWG-Novelle 1998 umgesetzt worden (vgl. Deutsche Bundesbank 1998a).

Box 8: Verschuldung von Unternehmen in Krisenländern

Die Verschuldung von Unternehmen, die nicht dem Finanzsektor zuzurechnen sind, war in den meisten Krisenländern außerordentlich hoch. Sie betrug z.B. in Korea im Durchschnitt der Jahre 1988-1994 mehr als das Dreifache des Eigenkapitals und stieg auf das knapp Vierfache im Zeitraum 1995-1996 an. Dies machte die Unternehmen und damit die gesamte Wirtschaft anfälliger gegen unerwartete Schocks. Wie die untenstehende Graphik verdeutlicht, zeigt die Unternehmensverschuldung für praktisch alle Krisenländer im betrachteten Zeitraum nach oben. Einzig in Hongkong und Taiwan, die auch nicht in vollem Umfang von der Krise erfaßt wurden, kam es nicht zu einem Anstieg der privaten Verschuldung.

Quelle: Claessens, Djankov und Lang (1998)

3.3 Verbesserung der Finanzmarktregulierung

Insbesondere die Innovationskraft der Märkte zwingt neben der ständigen Ausweitung zu größerer Marktnähe. Gerade Derivate erlauben fast transaktionskostenneutrale Umschichtungen von Positionen, so daß es zunehmend elementar geworden ist, Regulierungskosten ursachengerecht anfallen zu lassen. Ansonsten erlauben die neuen Instrumente eine regelrechte Regulierungsarbitrage und unterlaufen letztlich den Sinn der Eingriffe. Auch im internationalen Vergleich kommt es natürlich darauf an, Verzerrungen durch isolierte nationale Markteingriffe zu vermeiden.

Der vorläufige Höhepunkt in der Entwicklung marktnaher Regulierung ist die Zulassung von institutsspezifischen "Value-at-Risk"-Ansätzen (vgl. Deutsche Bundesbank 1998b). Dieses Konzept erfaßt die Wahrscheinlichkeit von Wertänderungen einer Vermögensposition (wie bspw. eines Wertpapierportfolios). Normiert man im Rahmen dieses Ansatzes einige Parameter, so kann man ausdrücken, welche Werte ("value") bei ungünstiger Entwicklung möglicherweise verloren gehen ("at risk"). Dies ist im Grunde dieselbe Denkweise, die die traditionelle Regulierung durch eine Menge singulärer Regeln zum Ausdruck bringt, allerdings in einer verfeinerten Form (vgl. Hartmann-Wendels et al. 1999). Obwohl die skizzierten Schritte enorme Fortschritte darstellen, bestehen doch immer noch oder entstehen immer wieder neue Problembereiche (vgl. zur Entwicklung Tabelle 3).

Tabelle 3: Die Regulierung wurde im Zeitablauf umfassender und "marktnäher"

Berücksichtigte Bereiche	KWG bis Anfang 80er	KWG "nach Cooke"	KWG seit 1998
bilanzielle Ausfallrisiken	Klassifizierte Kreditrisiken	international vereinheitlichte Klassifikationen	=
Marktrisiken	Liquiditätsgrundsätze; Fremdwährungsrisiken	=	Value at Risk (VaR)-Ansatz, d.h. Preisschwankungen des Nettoportfolios
nicht bilanzielle Positionen	-	erste additive Berücksichtigung einzelner Risiken	Integration in Marktrisiken
"Eigenmittel"	Nur Kernkapital (plus kleinere Ergänzungen): 5,6% Deckung	+ Ergänzungskapital (inkl. Bewertungsreserven): 8% Deckung	Kernkapital + Ergänzungskapital I, II + Drittrangmittel

Ein Problem, das im Zusammenhang mit der Quantifizierung der Risiken zusammenhängt, besteht darin, daß auch das ausgefeilteste Risikobewertungsmodell kann Risiken prinzipiell nicht eliminieren, und jede neue Finanzinnovation bringt automatisch neue Risiken der Handhabung mit sich. Die Regulierung hängt der Marktentwicklung folglich immer hinterher, und es steigen die administrativen Kosten mit jeder Verfeinerung der Regulierung an.

Darüber hinaus ist die möglicherweise perverse Anreizwirkung einer Mindestregulierung herausgearbeitet worden (vgl. z.B. Gehrig 1995 oder Blum 1999). Das Verfahren reizt dazu an, bei gegebenem Eigenkapital das Risiko im Rahmen der Vorschriften voll auszuschöpfen so daß Finanzinstitutionen bei bestehendem Spielraum zusätzliche Risiken einzugehen bereit sind. Darüber hinaus werden Finanzinstitutionen einen Anreiz haben, den Risikospielraum durch innovative Gestaltung noch weiter auszubauen. Vorschriften erheblichen Raum belassen bzw. die Umfeldänderungen ständig neuen Raum schaffen. Es liegt in der Natur der Mindestregulierung, daß sie nur ein zweiwertiges Signal gibt: gut oder schlecht, aber innerhalb des Guten nicht mehr differenziert. Ferner gibt sie den Verantwortlichen den Eindruck, gut sei auch gut genug. Tatsächlich gibt es aber - als ein simples Beispiel - unter allen Krediten an Privatunternehmen, die einheitlich zu 100% "angerechnet" werden, riesige Unterschiede im eingegangenen Risiko. Als Konsequenz müßte die Regulierung graduell die Güte der eingegangenen Risiken berücksichtigen, worüber derzeit diskutiert wird. Mögliche Varianten könnten auf staatliche oder interne Ratings hinauslaufen.

Zusammenfassend gibt es demnach beim gegenwärtigen Regulierungsansatz Problembereiche auf drei ganz verschiedenen Ebenen (vgl. auch die Beiträge in Federal Reserve Bank of New York 1998):

- Rein technisch gibt es Verbesserungspotential ohne den Regulierungsrahmen anzutasten. Dagegen ist kaum etwas einzuwenden, es sei denn, man lehnt den Ansatz als solchen ab. Ein Teilaspekt ist die Frage, ob die Regulierungsaufgabe institutionell bei der Zentralbank oder unabhängig davon wahrgenommen werden sollte, was nicht zuletzt von der Finanzierungsstruktur der Volkswirtschaft abhängt (Goodhart und Schoenmaker 1995).

- Zweitens wird diskutiert, sozusagen die Umsetzung der Regulierung zu verändern. Die Tendenz geht hier – wie beim Value-at-Risk-Modell erwähnt – in Richtung einer "Qualitätssicherung" (Meister 1999) statt einer Kontrolle von detaillierten Vorschriften (vgl. auch Goodhart 1996).

- Am grundlegendsten ist die Frage, inwieweit Eigenkapitalnormen die Anreizstrukturen aus volkswirtschaftlicher Sicht verbessern können bzw. welche Kosten sie dabei produzieren. Gegebenenfalls könnte sich daraus die Konsequenz ergeben, den bestehenden Regulierungsrahmen zu verlassen und durch einen anderen zu ersetzen.

Während der erste Problembereich mehr technischen Charakter besitzt und der dritte derzeit wenig Realisierungspotential hat, könnte der zweite zu weitreichenden Änderungen führen. Im Regulierungswettlauf zwischen Finanzinstitutionen und Aufsicht ziehen sich die Regulierer damit quasi auf eine Metaebene zurück, indem sie nur noch die Rahmenbedingungen der Risikobewertung vorgeben, aber die genauen Methoden den Kreditinstituten überlassen. Auf der einen Seite gewinnen die Regulierer damit wieder etwas an Boden zurück und nutzen auch das Know how der Finanzinstitutionen, auf der anderen Seite "kapitulieren" sie vor der Komplexität der Materie. Im guten Sinne mag dieser Ansatz dazu beitragen, eine "Risikokultur" (Meister 1999) zu schaffen und entsprechende Anreize zu setzen. Vielleicht reflektiert er sogar nur eine durch zunehmende Transparenz verringerte Notwendigkeit der Regulierung (so angedeutet bei Bhattacharya et al. 1998). Aber man darf nicht aus den Augen verlieren, daß Regulierung gerade auch für die schwierigen Fälle benötigt wird und hier dann Freiräume zuläßt. Es geht wieder um den mehrfach erwähnten Konflikt zwischen Stabilität, die mit Regulierungsdichte einhergeht, und Allokationsfreiheit, die notwendigerweise Risiken birgt, aber Dynamik verspricht.

Eine häufige Reaktion auf dieses nicht vollkommen auflösbare Dilemma besteht in der akademischen Diskussion darin, die Regulierung grundsätzlich neu zu überdenken. Die Tendenz geht dabei in die Richtung, das Stabilitätsversprechen zurückzuschrauben. Einen ersten Einblick in entsprechende Ansätze liefert der folgende Abschnitt.

(5) Alternative Konzepte der Bankenregulierung

Jede Alternative zur bestehenden Form der Regulierung geht von einem spezifischen Problem aus, das jeweils nicht immer dasselbe ist. Nur aus einer Vogelperspektive kann man generalisieren, daß die Tendenz dahin geht, den Regulierern weniger Lasten aufzubürden. Im einzelnen werden fünf Diskussionsbereiche kurz angesprochen. Da diese derzeit ohne konkrete Realisierungschance sind, verzichten wir auf eine gründliche Darstellung und Analyse: Am radikalsten ist die Freebanking-Idee, wonach auf Regulierung weitgehend verzichtet wird. Eine Variante dazu ist der Systemwettbewerb verschiedener nationaler Regulierer. Alternativ hierzu zielt narrow banking auf den Umfang der Kredit- und Marktrisiken ab, die vor allem aus der von Goodhart vertretenen Idee der Handelbarmachung von Bankeinlagen auf das Transformationsrisiko geht. Bei einem letzten Vorschlag geht es um die Einbeziehung makroökonomischer Risiken. Im folgenden gehen wir kurz auf diese einzelnen Vorschläge ein.

Es mag verführerisch erscheinen, den Gordischen Knoten zunehmend komplizierter, aber deshalb nicht unbedingt überzeugender werdender Regulierung zu durchschlagen, indem man darauf gänzlich verzichtet und statt dessen auf *Free banking* setzt (vgl. bspw. Selgin und White 1994). Die wesentliche Motivation liegt in den Anreizproblemen, die sich durch keine Form der Regulierung wirklich ausschalten lassen: Es wird immer dabei bleiben, daß Einlagensicherung und lender of last resort-Funktion zu übergroßen Risiken anreizen und daß eine Eigenkapitalnorm falsche Signale senden kann. Auf der anderen Seite hat diese etablierte Regulierungspolitik gute Gründe, die bereits dargelegt wurden. Prinzipiell setzt die free banking-Idee darauf, daß fehlende Regulierung die Finanzinstitutionen zu glaubwürdiger Signalisierung ihrer Risikopolitik zwingt und potentielle Kunden, vor allem Einleger, diese Signale interpretieren können. Das Interesse an gegenseitiger Information könnte zu einer Art Selbstregulierung führen, indem verwendete Standards der Risikobegrenzung transparent gemacht werden. Letztlich ist aber nicht klar, inwieweit die Informationsprobleme auf Finanzmärkten dadurch behoben werden können: Etwas überspitzt formuliert könnte man sagen, wenn es keine Informationsasymmetrien gäbe, dann wäre auch die Grundlage staatlicher Regulierung hinfällig und Free banking sachgerecht. Doch gäbe es in diesem Umfeld noch eine Rechtfertigung für die Existenz von Banken?

Eine ganz analoge Argumentationsschwäche weist der *Systemwettbewerb* zwischen nationalen Regulierern auf. Inhaltlich wurde dies bereits im obigen Abschnitt (1), als es um eine internationale Vereinheitlichung der Regulierung ging, behandelt. Man kann vermuten, daß die Anreize zu schwächerer Regulierung im internationalen Wettbewerb genauso auf einen Systemwettbewerb zutreffen. Anders gewendet, erfordern negative Externalitäten, die eine Regulierung begründen, tendenziell auch eine Vereinheitlichung der Regulierung.

Der *narrow banking-Ansatz* ist vielleicht die etablierteste Alternative zur jetzigen Praxis, immer mehr Finanzinstitutionen immer aufwendiger zu regulieren. Im Kern wird vorgeschlagen, daß Finanzinstitutionen nicht in

Banken und sonstige Finanzinstitutionen (gedanklich) getrennt werden, sondern schon Banken auch formal in eine Art Zahlungsverkehrsbanken und Restbanken aufgespalten werden, von denen nur erstere reguliert werden und in den Genuß staatlicher Rettung kommen können. Wenn man diesen neuen Banken dann noch rigide risikobegrenzende Auflagen hinsichtlich der Anlage ihrer Aktiva macht, dann würde die Regulierung in der Tat ungleich einfacher und anspruchsloser werden. Die Schwäche liegt offensichtlich darin, daß das derzeitige Regulierungsproblem nicht gelöst, sondern negiert wird. Es ist überhaupt nicht klar, von wem die existierenden und volkswirtschaftlich durchaus erwünschten Kredit- und Marktrisiken schließlich in welcher Form getragen werden sollen. Es ist zu vermuten, daß ein erheblicher Teil des Finanzsektors in die verbleibende Rubrik "free banking" mit all ihren andiskutierten Problemen fällt.

Eine klare Vorstellung, wie Risiken reduziert werden könnten, formuliert hingegen der Vorschlag einer Art Handelbarmachung der Bankeinlagen. Da diese im Wert schwanken können, indem sie die Werthaltigkeit der Aktiva reflektieren, werden Banken gegen Schocks erheblich resistenter (vgl. auch Goodhart 1987). Allerdings tragen dann die Einleger einen Teil der Risiken, was sie vermutlich vermeiden wollten, sonst hätten sie andere Anlageformen wählen können.

Schließlich ist ein Vorschlag für die Schwäche der gängigen Regulierungspraxis unterbreitet worden, die darin besteht, daß makroökonomische Schocks das gesamte Regulierungswerk "aushebeln": Die Regulierung kann zwar die Risiken aus unvollkommener Diversifizierung begrenzen und für das systemische Risiko gewisse Vorsorge vorschreiben, doch wenn tatsächlich Makroschocks auftreten, dann gibt es dagegen keinen einzelwirtschaftlichen Schutz mehr. In einer zunehmend globalisierten Welt hilft dagegen nicht einmal internationale Diversifizierung. Insofern entsteht die Frage, ob nicht ein Rückkoppelungsmechanismus in die Eigenkapitalnormierung in der Form eingebaut sein müßte, daß schlechtere makroökonomische Rahmenbedingungen erhöhte Eigenkapitalanforderungen zur Abdeckung der erhöhten Risiken erfordern. Das führt allerdings – jenseits aller Fragen der Praktikabilität - unmittelbar zu einem konjunkturverstärkendem Feedback-Mechanismus. Wenn man überhaupt dem Staat eine Rolle der Konjunkturstabilisierung geben will, dann kann man die Bereitschaft, als "lender of last resort" aufzutreten, durchaus so interpretieren.

Die damit angesprochenen Alternativen weisen also auf Schwachstellen der bestehenden Regulierung hin, ohne daß eine einzige Alternative derzeit – wie erwähnt - konkrete Umsetzungschancen hätte.

4 Reformvorschläge der makroökonomischen Governance

Wirtschaftspolitische Maßnahmen, die auf eine Verhinderung oder Bekämpfung von Währungs- bzw. Zahlungsbilanzkrisen abstellten, stammten traditionell aus dem Bereich der makroökonomischen Steuerung. Im Bereich makroökonomischer Governance geht es vor allem um die Implementierung solider wirtschaftspolitischer Führungssysteme. Obwohl sich der Fokus mit der Asienkrise stärker zu den mikroökonomischen Aspekten verschoben hat, kommt der gesamtwirtschaftlichen Steuerung weiterhin eine bedeutende Rolle zu. Allerdings hat die im Zuge der asiatischen Währungskrisen entfachte Diskussion um eine Reform der internationalen Finanzarchitektur die traditionelle Vorgehensweise zum Teil in Frage gestellt und zum Teil durch andere Maßnahmenvorschläge ergänzt. Allen Vorschlägen ist gemein, daß sie im Rahmen der im 2. Kapitel erörterten "impossible trinity" versuchen, gemäß vorgegebener Präferenzen eine Positionierung der Währungsordnung zwischen den Polen "stabile Wechselkurse", "freier Kapitalverkehr" und "geldpolitische Autonomie" vorzunehmen.

In diesem Abschnitt sollen insbesondere drei zentrale Reformvorschläge betrachtet werden, zu denen es sowohl in der wissenschaftlichen Volkswirtschaftslehre als auch in der Wirtschaftspolitik eine heftig geführte Debatte gibt. Wir betrachten erstens den Vorschlag der Einführung von Wechselkurszielzonen, der als Versuch verstanden werden kann, eine gewisse Wechselkursflexibilität mit den Vorteilen fester Wechselkurse zu verbinden. Er kann auch als Versuch einer Stärkung der internationalen Kooperation angesehen werden. Dieser Vorschlag stellt nicht auf eine Krisenbekämpfung ab, sondern auf die Verhinderung ihrer Entstehung, weil mit ihm vielfach die Hoffnung verbunden wird, daß damit die Krisenanfälligkeit von Fixkurssystemen verhindert werden kann.

Zweitens diskutieren wir den Vorschlag, durch Kapitalverkehrskontrollen die Krisenanfälligkeit zu vermindern. Kapitalverkehrskontrollen werden auch als Mittel der Krisenbewältigung verwendet, wenn hiermit keine kontinuierliche Beeinflussung der Kapitalströme beabsichtigt ist, sondern in Krisenzeiten ein zu massiver Kapitalabfluß unterbunden werden soll. Kapitalverkehrskontrollen sind zwar historisch betrachtet für sich entwikkelnde Volkswirtschaften der "Normalfall", doch freier Kapitalverkehr wird als erstrebenswertes Ziel der Entwicklung angesehen. Insofern findet es große Beachtung, wenn in jüngerer Vergangenheit ein nach außen orientiertes Schwellenland wie Malaysia Kapitalverkehrskontrollen wieder einsetzt, oder ein wirtschaftspolitisch liberal ausgerichteter Staat wie Chile sie lange praktiziert hat. Es stellt sich hierbei die Frage, welche prinzipiellen Überlegungen bei Kapitalverkehrskontrollen zu berücksichtigen sind und welches die Erfahrungen in Ländern waren, die dieses Instrument in der Wirtschaftspolitik eingesetzt haben.

Drittens erörtern wir die Rolle des IWF. Er ist gerade in den letzten Jahren stark in die Kritik geraten. Ihm wird vorgeworfen, daß er sowohl bei der Krisenverhinderung als auch bei der Krisenbewältigung erhebliche Fehler gemacht hat, so daß Krisen sogar durch seine Tätigkeit entstanden sind und entstandene Krisen nicht erfolgreich bekämpft, sondern eher noch verschärft wurden. Die Reformvorschläge im Zusammenhang mit dem IWF reichen von der Forderung nach Abschaffung des IWF (oder zumindest einer deutlichen Einschränkung seines Einflusses) bis hin zur Veränderung des IWF zu einem internationalen Kreditgeber der letzten Instanz ("international lender of last resort").

Die folgenden Abschnitte erörtern die Begründung der verschiedenen Einzelvorschläge dieser drei Reformbereiche und prüfen, wie sie zu beurteilen sind. Dabei soll jeweils auch deutlich werden, in welcher Beziehung sie zur impossible trinity, bzw. möglicherweise im Widerspruch zu ihr, stehen.

4.1 Wechselkurszielzonen

(1) Erwartungen an Zielzonen

Die Währungskrisen in Asien, die teilweise mit der starken Aufwertung des Dollars gegenüber dem Yen in Verbindung gebracht werden, haben die Diskussion um die Stabilisierung von Wechselkursen durch Zielzonen wiederaufleben lassen. Teilweise wird sogar ein "neues" Bretton-Woods-System gefordert. Zielzonen haben die Festlegung eines Wechselkursbandes zum Inhalt, das entweder veröffentlicht oder intern vereinbart ist. Während der Wechselkurs innerhalb des Bandes flexibel ist, verhindern die Zentralbanken an dessen Rändern mit Hilfe von Devisenmarktinterventionen ein Ausbrechen des Wechselkurses aus der Zielzone. Wechselkurszielzonen wurden im Herbst 1998 insbesondere von der deutschen Regierung in die Diskussion um die Reform des internationalen Währungs- und Finanzsystems eingebracht.

In den Wirtschaftswissenschaften begann die Diskussion von Zielzonen in der zweiten Hälfte der 80er Jahre, in jüngerer Vergangenheit hat sie jedoch deutlich an Intensität abgenommen. Die wissenschaftliche Auseinandersetzung löste damals eine Diskussion ab, die angesichts starker Wechselkursvolatilität zunächst fragte, ob eine internationale Koordinierung der Wirtschaftspolitik - insbesondere der Geldpolitik - angestrebt werden sollte (Sell 1999). Diese war jedoch mit dem zentralen Ergebnis von Rogoff (1985), demzufolge Koordinierung sogar zu einem Inflationsanstieg führen kann, zunehmend uninteressanter geworden und verstummte schließlich, als es um Reformvorschläge zum Weltwährungssystem ging. In der sich anschließenden Diskussion um Wechselkurszielzonen entwickelten Williamson und Miller (1987) eine konkrete Politikempfehlung und nannten ihren Vorschlag den "Blueprint" für die internationale Kooperation in der Währungspolitik. Sie sahen hierin eine Möglichkeit, die starken Wechselkursschwankungen zu reduzieren, die sie mit negativen Wirkungen auf den internationalen Handel und die Investitionstätigkeit verbanden. Dieser Vorschlag ist in jüngerer Zeit u.a. von Bergsten (1998a, b) in die Diskussion um die neue Finanzarchitektur eingebracht worden. Ihm liegt die Überlegung zugrunde, daß Wechselkursbewegungen nicht so sehr von den Fundamentaldaten der Wirtschaftsentwicklung bestimmt werden, sondern im wesentlichen von spekulativen Einflüssen, die teilweise selbstverstärkend wirken (Schneeballeffekt). Insofern wird mit der Errichtung einer Zielzone ein Mehr an Devisenmarktstabilität verfolgt. Gleichzeitig verspricht man sich hierdurch eine stärkere Vermeidung von kurzfristigen Wechselkursschwankungen (Wechselkursvolatilität) sowie die Vermeidung längerfristiger Abweichungen des Wechselkurses von seinem fundamental begründeten Wert. Gelingt letzteres, würde gleichzeitig das Phänomen von sogenannten Blasen am Devisenmarkt ("bubbles") vermieden werden können. Befürworter der Errichtung von Zielzonen hoffen, daß diese nicht nur die Wechselkurse innerhalb eines vorgegebenen Bandes stabilisieren, sondern daß mit mehr Stabilität auch eine geringere Gefahr einer Währungskrise einhergeht.

Box 9: Wechselkursdynamik und Ansteckung

Die Währungsdynamik der Länder der gleichen Region ist häufig ähnlich. Dies zeigte sich 1997 in Ostasien für die besonders krisengeschüttelten Länder Thailand, Indonesien, die Philippinen, Malaysia und Korea. Die Parallelität wird vielfach als Hinweis für das Phänomen der Ansteckung interpretiert. Auch die deutlich weniger von der Asienkrise betroffenen Länder Hongkong und Singapur hatten relativ ähnliche Wechselkursverläufe. Vergleichsweise parallele Wechselkursentwicklungen waren in den vergangenen Jahren auch in einigen Ländern Mitteleuropas und Südamerikas zu beobachten.

Ausgewählte Schwellenländer: Bilateraler US$-Wechselkurs
(US$/Nationale Währungseinheit, 5. Januar 1996 = 100)

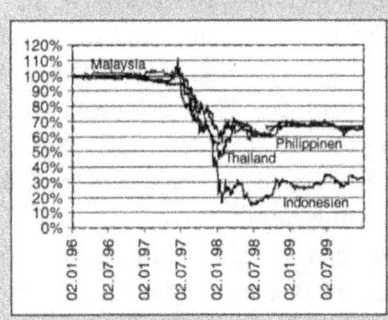
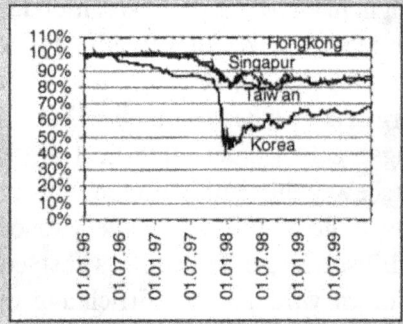
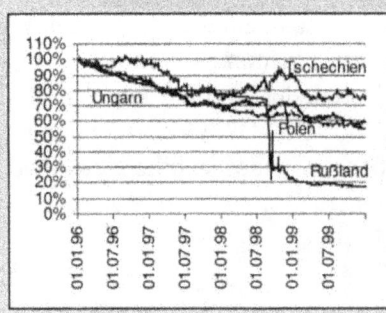
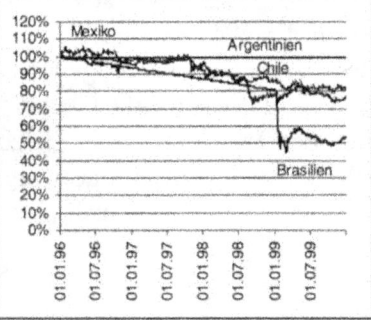

Quelle: World Economic Outlook (1999)

Aufbauend auf der bahnbrechenden theoretischen Arbeit von Krugman (1991) setzte zu Beginn der 90er Jahre eine breite wissenschaftliche Diskussion um Wechselkurszielzonen und deren mögliche stabilisierende Wirkungen ein. Krugman zeigte als erster, wie die Errichtung einer Zielzone einen solchen Effekt, den er als "target zone honeymoon" bezeichnete, herbeiführen kann. In Analysen zu den Wirkungen von Zielzonen wird gewöhnlich davon ausgegangen, daß der Wechselkurs durch stochastische Einflüsse und Erwartungen determiniert wird. Stochastische Einflüsse können den Wechselkurs in jede beliebige Richtung verändern (wobei die Zielzonenmodelle hierbei in der Regel eine Brown'sche Bewegung unterstellen, um die Zufallseinflüsse näher zu beschreiben). Erwartungen beziehen sich dagegen auf die zukünftige Wechselkursentwicklung und werden in den Zielzonenmodellen entscheidend durch die antizipierte Verhaltensweise der Zentralbank bestimmt. Wie sich zeigen läßt, kann von einem Zielzonensystem genau über diesen Weg eine stabilisierende Wirkung ausgehen. Nähert sich der Wechselkurs z.B. der unteren Bandgrenze, werden die Marktteilnehmer davon ausgehen, daß die Wahrscheinlichkeit zunimmt, daß der Wechselkurs an das Bandende gerät und daher die Zentralbank am Devisenmarkt interveniert. Die Marktteilnehmer werden daher antizipieren, daß der Wechselkurs sich wieder vom Bandende wegbewegt. Diese Erwartung kann bereits entsprechende Devisengeschäfte der Marktteilnehmer auslösen, die den Wechselkurs letztlich ohne Eingreifen der Zentralbank vom Bandende wegbewegen. Damit sorgt bereits die Existenz einer Zielzone für eine geringere Wechselkursvolatilität.

(2) Problematik von Zielzonen

Die Problematik der Wechselkurszielzonen liegt in einer Reihe von einschränkenden Bedingungen, auf denen die positiven Wirkungen beruhen, sowie in den Implikationen des Ansatzes, die zu Konflikten mit anderen wirtschaftspolitischen Zielen führen können. Beide Bereiche seien im folgenden erörtert.

Die entscheidende Bedingung für die beschriebenen positiven Wirkungen einer Wechselkurszielzone ist die Glaubwürdigkeit des Kursbandes. Die Devisenmarktteilnehmer werden bei Erreichen des Bandendes nur dann von einer Umkehr der Wechselkursentwicklung ausgehen, wenn ihnen nicht nur das Band bekannt ist, sondern sie auch mit Sicherheit davon ausgehen, daß dieses Band bei einer spekulativen Attacke unbegrenzt verteidigt wird. Empirisch zeigt sich allerdings, daß die Wahrscheinlichkeit einer spekulativen Attacke mit dem Abstand vom Mittelkurs des

Bandes bzw. mit der Annäherung an das Bandende zunimmt. Auf Basis der Zielzonenmodelle bedeutet dies, daß in den beobachteten Systemen (die Analysen untersuchten insbesondere das EWS) ein Mangel an Glaubwürdigkeit bestand.

Liegt ein Mangel an Glaubwürdigkeit vor, besteht eine denkbare Konsequenz darin, daß die Marktteilnehmer eine abwartende Haltung einnehmen, so daß die automatische Wechselkursstabilisierung ausbleibt. Alternativ hierzu könnten sie aber auch die Möglichkeit des Zusammenbruchs der Zielzone oder eine Veränderung der Zielzone (Bandbreitenänderung oder Änderung des Leitkurses) in ihre Entscheidungsbildung einbeziehen. Das Risiko einer Aufgabe des Bandes oder einer Bandbreitenveränderung könnte insbesondere bei einer plötzlich auftretenden Veränderung im ökonomischen Umfeld entstehen. Da es in solchen Fällen zu abrupten Wechselkursänderungen kommt, entstehen Anreize zu einer Spekulation gegen das Bandende oder die Zielzone insgesamt. Dies kann dann gerade jene Krise auslösen, die das System zu vermeiden versucht. Aufgrund des großen täglichen Volumens von Devisenmarkttransaktionen zwischen den Haupthandelswährungen ist es zumindest für die Wechselkurse zwischen diesen Währungen zu bezweifeln, ob Zentralbanken überhaupt in der Lage sind, Zielzonen zu verteidigen. Theoretisch wäre dies zwar denkbar, es würde aber eine völlige Aufgabe der geldpolitischen Autonomie bedeuten. Es bedarf außerdem einer sehr engen Koordinierung zwischen den Zentralbanken bzw. Regierungen der betroffenen Länder, damit die Zielzone glaubwürdig ist. Wenn jedoch Zweifel hieran bestehen, ist nicht auszuschließen, daß Marktteilnehmer von Zeit zu Zeit die Ränder der Zielzonen durch entsprechende Spekulationswellen "testen". Insofern könnten Wechselkurszielzonen spekulative Attacken sogar induzieren.

Eine Veränderung des Leitkurses ("Realignment") muß nicht zwingend durch dramatische ökonomische Ereignisse erzwungen werden. Da nicht davon auszugehen ist, daß die wirtschaftliche Entwicklung von Ländern, deren Währungen durch Zielzonen verbunden werden könnten, parallel verläuft, ist eine Veränderung des Leitkurses nicht auszuschließen. Bergsten, der zu den stärksten Befürwortern des Zielzonenkonzepts gehört, geht sogar davon aus, daß dies in einer Zielzone zwangsläufig auftreten muß. Dies ist insbesondere dann der Fall, wenn es zu Inflationsunterschieden zwischen den einzelnen Volkswirtschaften kommt. So geht es Bergsten auch vor allem um ein Band für die realen Wechselkurse. Die Erfordernis von Zielzonen-Realignments erzeugt allerdings eine Unsicherheit, die zu einer Abschwächung der stabilisierenden Wirkung führen kann. Immerhin wissen die Marktteilnehmer nicht mit Sicherheit, zu welchem Zeitpunkt das Wechselkursband verschoben wird, und müssen daher ein Realignment-Risiko in ihre Überlegungen einbeziehen.

Von der Wahl einer Wechselkurszielzone gehen weitreichende Implikationen auf die Wirtschaftspolitik aus. Unter Berücksichtigung der "impossible trinity" der Währungspolitik kann der Zielzonenansatz entweder als eine Entscheidung für die Aufgabe der Unabhängigkeit der Geldpolitik (d.h. als eine Entscheidung für Wechselkursstabilität und freien internationalen Zahlungsverkehr) oder für die Aufgabe des freien internationalen Zahlungsverkehrs (d.h. als eine Entscheidung für Wechselkursstabilität und Autonomie der Geldpolitik) interpretiert werden. Letzteres Szenario soll hier ausgeschlossen werden, da die Beschränkung des internationalen Zahlungsverkehrs in einem gesonderten Abschnitt erörtert wird. Ohne Eingriffe in den internationalen Zahlungsverkehr bedeutet eine Wechselkurszielzone folglich, daß die Geld- und Fiskalpolitik in den Dienst des Wechselkurszieles gestellt werden muß. Dies kann disziplinierend wirken, wenn eine Zielzone zu einem preisstabilen Land implementiert wird. Würde das Inland in diesem Falle eine zu expansive Geldpolitik betreiben, käme es nach einer Abwertung der Inlandswährung bis zum Bandende zu Interventionen der Zentralbank. Der Verkauf von Währungsreserven würde im Gegenzug inländisches Geld aus dem Kreislauf absorbieren und eine Verminderung der Geldmenge auf ein mit dem Wechselkursziel konsistentes Niveau herbeiführen. Kritisch muß hierzu gleichwohl gefragt werden, warum eine solche, auf Stabilität ausgerichtete Wirtschaftspolitik nicht auch ohne die Errichtung einer Zielzone verfolgt werden kann. Sofern aber die Zentralbanken bereits eine stabilitätsorientierte Geldpolitik betreiben, wäre die Festlegung der Wechselkurszielzone überflüssig. Dem kann jedoch entgegnet werden, daß die Zielzone bei fehlender Glaubwürdigkeit vom privaten Sektor möglicherweise als Signal verstanden werden kann, zukünftig eine stabilitätsorientierte Geld- und Fiskalpolitik zu betreiben.

Die disziplinierende Wirkung auf die Geldpolitik impliziert auch, daß die Zentralbank ein Geldmengen- und ein Wechselkursziel nicht gleichzeitig verfolgen kann. Dies bedeutet außerdem, daß die Zentralbank nicht auf die Einhaltung eines bestimmten Inflationsziels bzw. der Preisniveaustabilität verpflichtet werden kann. Hierin schlägt sich die in der Ökonomie bekannte Regel nieder, daß sich zwei Ziele (hier Wechselkursziel und Preisniveaustabilität) nicht mit einem Instrument (Geldpolitik) erreichen lassen. Würde z.B. die Europäische Zentralbank auf die Einhaltung einer Zielzone gegenüber dem Dollar verpflichtet, könnte nicht erwartet werden, daß die Europäische Zentralbank auch stets gleichzeitig die Preisniveaustabilität erreichen kann.

Wie bereits angeführt wurde, setzt die disziplinierende Wirkung von Zielzonen in jedem Falle voraus, daß das Land, zu dessen Währung eine Zielzone eingerichtet wird, eine stabilitätsorientierte Politik durchführt. Theoretische Analysen zeigen, daß eine entsprechende glaubwürdige Politik der anderen Zentralbank gegenüber den Privaten Voraussetzung für die Stabilität im Rahmen eines solchen Zielzonensystems ist. Kritisch ist hierbei, daß immer dann, wenn diese Bedingung von beiden beteiligten Zentralbanken erfüllt wird, eine Zielzone besonders wenig Disziplin auf die Wirtschaftspolitik in den Volkswirtschaften induziert. Außerdem ist die Zielzone auch als Alternative zu einem Geldmengenziel oder Inflationsziel zu beurteilen. So zeigt z.B. Sell (1999), daß ein Geldmengenziel insbesondere aufgrund der einfacheren praktischen Implementierung einer Wechselkurszielzone vorzuziehen ist.

Im Zusammenhang mit der Errichtung einer Zielzone ist es außerdem nicht unproblematisch, wie der anfängliche Wechselkurs, um den das Band errichtet wird, festgelegt wird. Seine Höhe ist bedeutend, da die Glaubwürdigkeit des Systems entscheidend davon abhängt, wie nahe dieser Wechselkurs an dem längerfristigen Gleichgewichtskurs ist und daher aufrechterhalten werden kann. Da in den Wirtschaftswissenschaften keine Einigkeit über das richtige Wechselkursmodell besteht, bleibt die Festlegung des Leitkurses letztlich eine politische Entscheidung.

In einem Zielzonensystem bedarf es auch der Festlegung von Regeln, wie Absprachen über eventuell erforderliche Änderungen des Leitkurses vorgenommen werden. Hier ist zu klären, ob dafür eine gemeinsame Entscheidung beider beteiligter Zentralbanken erforderlich ist oder eine Zentralbank allein eine solche Änderung beschließen kann. Insbesondere im ersten Fall können zusätzliche Probleme aufgrund unterschiedlicher Interessen der Partner auftreten, die eine Einigung erschweren. Anpassungsverzögerungen mit der Gefahr einer zusätzlichen Verunsicherung der Devisenmarktteilnehmer wären dann die Folge. Auch für die Interventionsverpflichtungen ist es bedeutend, ob ein Land sich durch eine Zielzone an die Währung eines anderen Landes bindet oder ob zwei Länder eine gegenseitige Vereinbarung über eine Wechselkurszielzone treffen. Im letzteren Fall bedarf es eines Abkommens über die Aufteilung von Interventionsverpflichtungen und in der Regel über Beistandskredite. Im Grenzfall geht dann eine Zielzonenvereinbarung in ein Festkurssystem über, das neben den Chancen eben auch potentielle Probleme mit sich bringt, die letztlich zur Auflösung des Bretton-Woods-Systems fester Wechselkurse geführt hatten.

Im Sinne dieser Diskussion stellen Vorschläge zur Einführung von Quasi-Zielzonen zwischen den großen Weltwährungen, wie sie bspw. Filc (1998, 1999) unter dem Begriff "gestaltete Flexibilität der Wechselkurse" eingeführt hat, eine konkrete Variante dar. Ausgehend von der Bedeutung einer Stabilisierung von Finanzmarkterwartungen wird unterstellt, daß die Akteure sich einem intensiven Konsultationsprozeß unterziehen und letztlich zu einer gemeinsamen Haltung gelangen. Dies setzt zu einem gewissen Grade voraus, daß die beteiligten Regierungen nicht das tun, was sie schon ohne diesen Prozeß getan hätten, und dies impliziert, daß sie entweder in diesem Prozeß über das hinaus lernen, was bisherige Konsultationen bringen, oder ihre Interessen einem größeren Ganzen unterordnen. Insofern wird deutlich, daß auch "gestaltete Flexibilität" auf sehr optimistischen Annahmen beruht.

Weniger offensichtliche Zielzonen-Regime reduzieren die Problematik von Zielzonen schon gar nicht. In dem Maße, in dem eine Zielzonenvereinbarung den Privaten nicht transparent gemacht wird, kann sie nicht die stabilisierenden Wirkungen ausüben wie bei einem klar vorgegebenem Band. Unter Umständen wirkt sie sogar destabilisierend, weil es nicht auszuschließen ist, daß die Anleger testen werden, wo das Band liegt. Es kann auch fast als ausgeschlossen gelten, daß eine Zielzone, die zwischen zwei oder mehreren Regierungen bzw. Zentralbanken geheim vereinbart wird, tatsächlich geheimgehalten werden kann. Hierzu sind in aller Regel zu viele einzelne Akteure in den Entscheidungsprozeß einbezogen.

Die Diskussion von Zielzonen legt es nahe, deren Anwendbarkeit auf den Wechselkurs zwischen den bedeutenden Welthandelswährungen (insb. zwischen Dollar, Euro und Yen) anders zu beurteilen, als ihre Anwendung auf den Wechselkurs zwischen einem kleinen und einem großen Land. Eine Zielzone zwischen großen Handelswährungen erscheint dabei besonders problematisch, da sie umfangreiche Koordinierung erfordert. Insofern ist der Zielzonenvorschlag eher kritisch zu beurteilen, wenn es um die Grundstruktur des Wechselkurssystems zwischen den großen Währungen geht. Weniger negativ fällt dagegen die Beurteilung einer Zielzone aus, die von einem kleinen Land gegenüber der Währung einer großen, stabilen Volkswirtschaft, insbesondere aus Gründen der Signalisierung einer Stabilitätsorientierung der Geldpolitik, gewählt wird. Gleichwohl weist die Analyse eines solchen Systems auch dann auf nicht unerhebliche Probleme hin. Hier ist vor allem das Glaubwürdigkeitsproblem zu bedenken. Gegenüber dem Zielzonensystem ist die Glaubwürdigkeit vor allem in einem Currency Board oder einer Währungsunion deutlich höher.

4.2 Regulierung des Kapitalverkehrs

(1) Motivation für Kapitalverkehrsregulierungen

Seit den 70er Jahren haben praktisch alle Industrieländer und darüber hinaus zahlreiche Entwicklungs- und Schwellenländer ihre Kapitalmärkte liberalisiert. Dabei wurden Restriktionen für Auslandsinvestitionen, Behinderungen des Umtauschs von Devisen oder Verbote, die Ausländer den Besitz heimischer Aktiva untersagen, sukzessive aufgehoben.

Box 10: Private Kapitalzuflüsse in Entwicklungsländern

Private Kapitalzuflüsse haben in den Entwicklungsländern in den letzten zwei Jahrzehnten erheblich an Bedeutung gewonnen. Wie die Graphik zeigt, haben dabei ausländische Direktinvestitionen seit Ende der 80er Jahre eine große Rolle gespielt. Während die Kapitalflüsse, die nicht mit ausländischen Direktinvestitionen zusammenhingen, eine vergleichsweise hohe Volatilität zeigten, wies der Verlauf des Anstiegs der ausländischen Direktinvestitionen solche Schwankungen nicht auf.

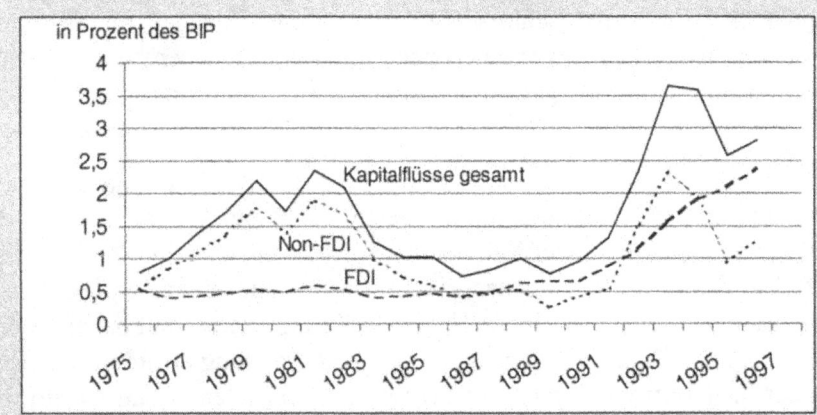

Quelle: Weltbank (1999)

Die Deregulierung basierte nicht zuletzt auf der Ansicht der Mehrheit der Ökonomen, nach der die Liberalisierung des Kapitalverkehrs die Effizienz der Kapitalmärkte steigert. Dies ist der Fall, so wird argumentiert, weil ein freier Kapitalverkehr am ehesten sicherstellt, daß Ersparnisse in die produktivste Investitionsalternative fließen, gleichgültig ob diese im In- oder im Ausland zu finden ist. Der größere Wettbewerb der Investoren um attraktive Investitionsmöglichkeiten sorgt nach dieser Auffassung dafür, daß die Finanzsysteme in allen Ländern flexibler und effizienter werden. Außerdem würden die Länderregierungen durch wachsame Investoren diszipliniert.

Box 11: Der Umfang kurzfristiger Verschuldung in Krisenländern

Als bedeutende stilisierte Fakten von Ländern mit Währungskrisen lassen sich der Umfang und die Entwicklung der kurzfristigen Auslandsverbindlichkeiten betrachten. Wie sich in der nachstehenden Abbildung zeigt, stieg die kurzfristige Verschuldung in Asien von 1994 bis 1997 deutlich an, während sie in Lateinamerika 1994 auf etwa gleicher Höhe lag, in der Folgezeit dann aber leicht zurückging. Die kurzfristigen Verbindlichkeiten können als Indikator der Verwundbarkeit des Finanz- und Währungssystems gesehen werden.

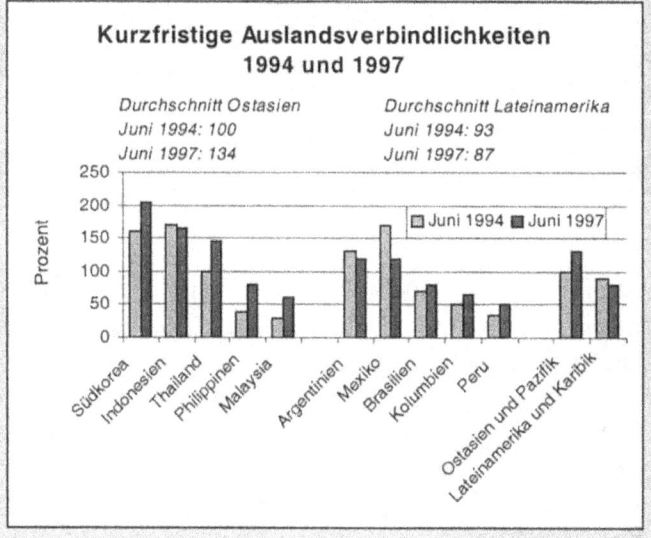

Quelle: Weltbank (1999)

Diese hochgesteckten Erwartungen an liberalisierte Kapitalmärkte sind jedoch durch die Finanzkrisen der 90er Jahren zumindest partiell enttäuscht worden. Insbesondere die teilweise hohe Volatilität der kurzfristigen Kapitalbewegungen hat für einige Länder erhebliche Zahlungsbilanzprobleme verursacht (Stiglitz, 1999). Hierin wird auch die Ursache für die jüngeren Finanzkrisen gesehen. Die dabei verwendete Argumentation weist auf folgende Wirkungskette hin. Zunächst legen ausländische Investoren ihr Kapital in aufstrebenden Märkten an. Dies wird von den Regierungen durchaus gewünscht, denn es ermöglicht den Ländern, Ausgaben zum Aufbau ihres Sachkapitalstocks zu finanzieren. Oftmals fließt das Kapital aber nur in kurzfristige Anlagen, bei Finanzinstitutionen, die die entsprechenden Beträge z.B. im Rahmen der Finanzierung von Sachinvestitionen ausleihen. Es entsteht folglich einen Fristentransformation. Lösen die Anleger ihre kurzfristigen Anlagen auf und kommt es dann zu massiven Kapitalabflüssen, dann entsteht im betroffenen Land ein Zahlungsbilanzproblem.

Warum Kapitalanlagen wieder aufgelöst werden, kann verschiedene Ursachen haben, z.B. daß die ökonomischen Fundamentaldaten des Investitionslandes (z.B. Inflationsrate, Zinsniveau, Staatsausgaben, –einnahmen) die weitere Anlage der Mittel unattraktiv macht. Insbesondere die Asienkrise in 1997 ließ den Verdacht aufkommen, daß möglicherweise neben dem Zustrom auch die Umkehr der Kapitalströme weniger durch Fundamentaldaten bestimmt wird, sondern daß sie die Reaktion auf Gerüchte und politische Ereignisse darstellt und Zeichen eines Herdenverhalten der Marktteilnehmer zeigt. In der Konsequenz verursachen volatile kurzfristige Kapitalströme eine hohe Instabilität von Wechselkursen (bei flexiblen Wechselkursen) oder Währungsreserven (bei festen Wechselkursen).

Folglich ist die wesentliche Motivation von Regulierungen auf den Kapitalmärkten die Steuerung von kurzfristigen Zu- und Abflüssen von Kapital, soweit sie aus den oben genannten nicht-fundamentalen Gründen entstehen. Verfechter von Regulierungen auf den Kapitalmärkten betonen, daß kurzfristige Kapitalströme gerade in Zeiten globaler Kapitalmärkte und hoher Kapitalmobilität destabilisierend auf den Devisenmarkt wirken können und darüber hinaus auch andere destabilisierende Wirkungen auslösen können.

> **Box 12: Starke Umkehr von privaten Kapitalflüssen in Krisenzeiten**
>
> Die Nettokapitalzuflüsse sind insbesondere für die neu aufstrebenden Volkswirtschaften ("Emerging Markets") von großer Bedeutung. Zwischen 1990 und 1997 flossen in eine Reihe von Emerging Markets netto mehrere zehn Mrd. US-Dollars. In China, Brasilien und Mexiko erreichten die Nettozuflüsse im gleichen Zeitraum sogar jeweils dreistellige Milliardenbeträge. Die Vorzüge eines erheblichen Zuflusses an Auslandskapital in problemfreien Zonen können sich in Krisenzeiten zum Nachteil umkehren. Währungs- und Finanzkrisen werden durch eine sich schnell ausbreitende Panik privater Anleger begleitet, die versuchen, ihre im Krisenland gehaltenen Assets aufzulösen und die entsprechenden Vermögenswerte in einem anderen Land anzulegen. Wie die untenstehende Darstellung zeigt, handelt es sich dann bei den Nettorückflüssen nicht selten um zweistellige Milliardenbeträge in US-Dollar bzw. um zweistellige Prozentsätze gemessen am Bruttoinlandsprodukt.
>
>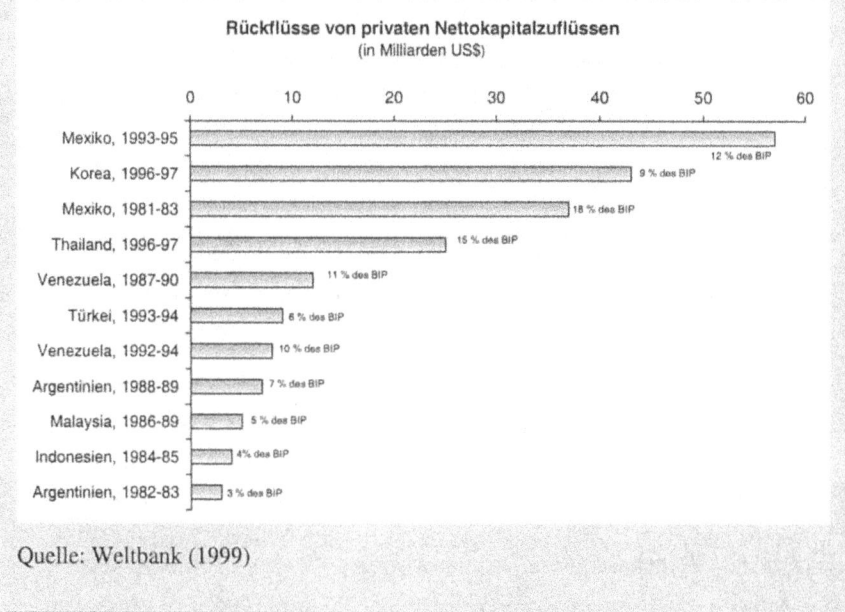
>
> Quelle: Weltbank (1999)

So beeinflußt ein hohes Niveau von Kapitalimporten die Kreditstruktur in einer Volkswirtschaft, da sie zu einer verstärkten Kreditvergabe an größere und außenhandelsorientierte Unternehmen führen. Schwankungen in den Kapitalbewegungen können außerdem entsprechende Zinsschwankungen verursachen. Insofern sehen die Befürworter der Kapitalverkehrsregulierung hierin ein Möglichkeit, die destabilisierenden Wirkungen kurzfristiger Kapitalströme zu verhindern und stattdessen die langfristigen und produktiven Investitionen zu fördern. Deshalb spricht man bei Regulierungen auf den Kapitalmärkten auch vom "Sand im Getriebe" der Spekulanten.[1]

Unter Verwendung des Konzepts der impossible trinity können Regulierungen des Kapitalverkehrs als ein Instrument interpretiert werden, das eine gleichzeitige Erreichung von Wechselkursstabilität und geldpolitischer Autonomie zum Ziel hat. In dem Umfang, in dem die Kapitalverkehrsregulierung sich nur auf Teile des internationalen Kapitalverkehrs bezieht bzw. keine vollständige Kontrolle des Umfangs der Kapitalströme zum Inhalt hat, sind allerdings auch Zugeständnisse bei der Erreichung der Ziele stabiler Wechselkurse und autonomer Geldpolitik zu machen. Dies ist der realistische Fall, da in keinen marktwirtschaftlich orientierten Ländern eine vollständige Regulierung des internationalen Kapitalverkehrs existiert.

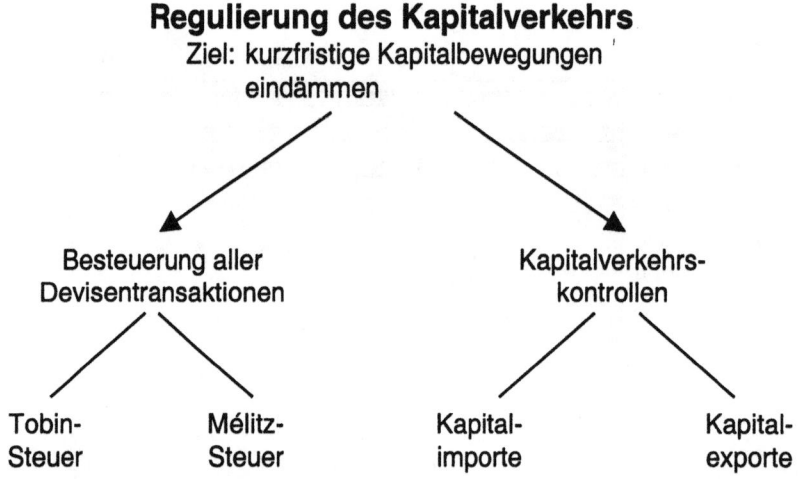

Schaubild 5: Regulierung des Kapitalverkehrs

Im wesentlichen kann man zwei Arten von Kapitalverkehrsregulierungen unterscheiden (vgl. Schaubild 5) . Eine Art davon bildet die Erhebung einer Steuer auf Devisentransaktionen (preispolitische Maßnahme). Das prominenteste Beispiel hierfür ist die sogenannte Tobin-Steuer. Eine

---

[1] Neben dem Ziel, die kurzfristigen Kapitalbewegungen einzudämmen, sind auch andere Motivationen denkbar, die jedoch hier eine untergeordnete Rolle spielen, z.B. ideologische Ressentiments gegen ausländische Investoren; vgl. hierzu Grilli und Milesi-Ferretti (1995).

Alternative stellt ein Vorschlag von Mélitz dar. Die zweite Art sind Kapitalverkehrskontrollen (mengenpolitische Maßnahme), die eine quantitative Beschränkung von Kapitalimporten oder Kapitalexporten durch besondere Regulierungsvorschriften zum Inhalt haben.

(2) Die Besteuerung von Devisentransaktionen

Auf den Nobelpreisträger James Tobin (1978) geht der Vorschlag einer Einführung einer weltweiten Steuer auf alle Devisentransaktionen zurück. Eine solche Steuer in Höhe von etwa 0,1% bis 0,5% des Transaktionsvolumens reduziert den Anreiz zur Spekulation, weil Währungsgeschäfte verteuert werden und damit die Gewinnspanne der Spekulanten reduziert wird. Da man davon ausgehen kann, daß kurzfristige Investitionsobjekte eine geringere Rendite als langfristige aufweisen, werden kurzfristige Anlagen durch eine Tobin-Steuer unattraktiver. Bei langfristigen Anlagen ist die Wirkung der Tobin-Steuer deutlich geringer, da sich die Steuerbelastung auf eine längere Anlagezeit verteilt. Folglich schreckt eine Tobin-Steuer nur die kurzfristigen Spekulanten ab und senkt damit möglicherweise die Volatilität des Wechselkurses (vgl. Menkhoff und Michaelis 1995).

Obwohl die Tobin-Steuer vom Ansatz her eine gute Idee darstellt, ist sie mit einer Reihe von praktischen Problemen verbunden. So müßte die Tobin-Steuer, um die gewünschten Wirkungen zu erzielen, sehr breit angelegt werden, sowohl hinsichtlich der Arten von Transaktionen als auch des Sitzes der Devisenmarktakteure. Andernfalls kann die Steuer leicht umgangen werden. Wenn die Steuer nur auf Kassamarkttransaktionen angewendet wird, ist eine Steuerumgehung durch Ausweichen auf den Markt für Derivative möglich. Die substitutionale Beziehung von Finanzinstrumenten erschwert also die Einführung dieser Steuer. Eine Ausdehnung der Tobin-Steuer auf derivative Finanzinstrumente könnte hingegen dazu führen, daß letztlich der Finanzderivatemarkt als Ganzes geschädigt wird. Bedenkt man, daß derivative Märkte eine wichtige Funktion bei der Sicherung von Devisengeschäften haben ("risk hedging"), wäre rückwirkend eine destabilisierende Wirkung auf Devisenmärkte zu befürchten.

Eine Tobin-Steuer macht außerdem nur dann Sinn, wenn praktisch alle Länder an ihr teilnehmen, weil sie sonst zu Lasten der teilnehmenden Länder umgangen werden kann. Dies aber impliziert erhebliche Probleme bei der Koordinierung, da mit unterschiedlichen Länderinteressen gerechnet werden kann (vgl. dazu und zu weiteren Aspekten Haq et al. 1996).

Die Implementierung erfordert außerdem eine weltweite Institution, deren Aufgabe die Erhebung der Steuer sowie die Auszahlung der Steuereinnahmen überwacht. Bedenkt man die Probleme, welche die Verteilung der Steuereinnahmen bereits innerhalb einzelner Länder bereitet, so kann man sich leicht vorstellen, daß die Verteilung der Steuereinnahmen international zu einem erheblichen Koordinierungsbedarf führt. Damit eng verbunden ist die Frage, wofür man die Einnahmen aus der Tobin-Steuer verwendet. Zwar ist die Schätzung von 100 bis 200 Milliarden US-Dollar jährlich (Blecker 1999) aufgrund der zu erwartenden Anpassungsreaktionen, die zu einer Abnahme des Devisenmarktvolumens führen, als zu hoch anzusehen, doch wären die Einnahmen dennoch erheblich. Es gibt Vorschläge, die Einnahmen nicht an die Länder zu überweisen, sondern z.B. für den weltweiten Umweltschutz oder die Entwicklungshilfe zu verwenden. Auch hier ist zu befürchten, daß die internationale Koordinierung erhebliche Probleme verursacht.

Ein weiteres Problem der Tobin-Steuer besteht darin, daß eine kleine Devisenumsatzsteuer keine spekulativen Attacken verhindern kann. In diesen Fällen erwarten die Spekulanten größere Kursänderungen, so daß eine geringfügige Tobin-Steuer ihr Kalkül nicht wesentlich beeinflußt. Insofern wirkt die Steuer vornehmlich auf den Intra-Tag-Handel, welcher jedoch den größten Teil der Devisenumsätze ausmacht und damit auch die tägliche Volatilität mitbestimmt.

Weil vielen Ökonomen die Probleme der Tobin-Steuer bewußt sind, gibt es einige alternative Vorschläge, die ebenfalls die Besteuerung von Devisenmarkttransaktionen zum Gegenstand haben. So schlägt z.B. Mélitz (1994) vor, eine Steuer zu erheben, die im Gegensatz zur Tobin-Steuer an den Gewinnen aus kurzfristigen Finanztransaktionen ansetzt. Dabei sollen alle Devisengewinne, die aus dem Verkauf von Aktiva oder der Rückzahlung von Schulden entstehen und kürzer als ein Jahr gehalten wurden, besteuert werden. Nach Mélitz ist diese Art von Steuer der Tobin-Steuer in dem Falle überlegen, in dem sich nicht alle Länder an der Einführung einer Tobin-Steuer beteiligen. Jedes Land könne seine Einwohner bzw. Unternehmen unabhängig davon besteuern, wo die Transaktionen stattgefunden haben. Eine Mélitz-Steuer ist allerdings nicht dazu geeignet, die Volatilität in dem Umfang zu beeinflussen, wie eine Tobin-Steuer, da sie die Gewinne nicht eliminiert, sondern nur reduziert. Insofern muß bezweifelt werden, ob hiervon merkliche Wirkungen auf die kurzfristige Volatilität ausgehen.

(3) **Kapitalverkehrskontrollen**

Kapitalverkehrskontrollen umfassen Beschränkungen des internationalen Zahlungsverkehrs, die sich insbesondere auf die Repatriierung von Gewinnen aus Direktinvestitionen, den Erwerb ausländischer Vermögenstitel durch Inländer, den Erwerb inländischer Vermögenstitel durch Ausländer, die Konvertibilität der Inlandswährung und die zugelassenen internationalen Bankgeschäfte beziehen. Hierbei kann es sich um preispolitische Maßnahmen (z.B. Mindestreserven auf Anlagen von Ausländern) oder mengenmäßige Restriktionen (Verbote) handeln.

Der Vorteil von Kapitalverkehrskontrollen wird darin gesehen, daß sie - ähnlich wie die Besteuerung des Devisenverkehrs - ein höheres Maß an geldpolitischer Autonomie bei fixen Wechselkursen erlauben. Der Nachteil vieler Formen von Kapitalverkehrskontrollen ist generell, daß sie leicht umgangen werden können. Eine Methode zur Umgehung von Kapitalverkehrskontrollen ist z.B., daß ein Exporteur seinem ausländischen Kunden eine zu niedrige Rechnung ausstellt und die nicht gemeldeten ausländischen Devisen dann zur Kapitalanlage im Ausland nutzt ("underinvoicing"). Umgekehrt würde sich ein Importeur von seinem ausländischen Lieferanten eine zu hohe Rechnung ausstellen lassen und die inoffiziellen Devisen im Ausland anlegen ("overinvoicing").

Kapitalverkehrskontrollen können prinzipiell auf Kapitalimporte oder auf Kapitalexporte erhoben werden. Die Wahl zwischen Kapitalimportkontrollen und Kapitalexportkontrollen hängt davon ab, welche Ausgangssituation zum Zeitpunkt der Implementierung herrscht. Kommt es zu diesem Zeitpunkt zu massiven Kapitalimporten, sind Kapitalimportkontrollen das geeignete Instrument, um eine mögliche Krise zu verhindern. Liegt dagegen Kapitalflucht aus einem Land vor, wie dies typisch für den Fall von Währungskrisen ist, so sind Kapitalexportkontrollen eventuell dazu in der Lage, dies zu verhindern. Immer dann, wenn die Anleger die Kapitalverkehrskontrollen vorhersehen und somit in ihre Anlageentscheidung einbeziehen können, ist die Wirkung von Kontrollen auf Kapitalimporte und Kapitalexporte gleich. Bei Kapitalimportkontrollen wollen Anleger nicht mehr oder nur noch in geringerem Umfang in dem jeweiligen Land anlegen, weil die Kapitalzuflüsse erschwert oder verboten sind. Bei Kapitalexportkontrollen werden Anleger ihre Anlagen in dem entsprechenden Land verringern, weil sie fürchten, daß sie ihre Vermögenswerte später nicht mehr aus dem Land abziehen können ("Mausefallenwährung").

> **Box 13: Kapitalverkehrskontrollen und Wechselkursprämien**
>
> Bei bestehenden Kapitalverkehrskontrollen entstehen nicht selten graue oder schwarze Märkte, auf denen konvertible Währung mit einem Aufschlag gehandelt werden. Je größer die Einschränkungen auf die Kapitalabflüsse sind, desto höher sind diese Prämien. Diese Tendenz ist auch aus der untenstehenden Tabelle zu erkennen. Sie zeigt den Grad der Kapitalverkehrskontrollen durch einen "Index für die Offenheit der Kapitalbilanz", der zwischen null (geringe Offenheit) und vier (höchste Offenheit) liegt. Die auf Cooper (1999) zurückgehende Darstellung bestätigt, daß die internationalen Kapitalbewegungen seit Anfang der 70er Jahre wesentlich liberalisiert wurden. Infolgedessen haben sich die Wechselkursprämien ebenfalls deutlich verringert. Dennoch war in einzelnen Ländern ein Anstieg der Kapitalverkehrskontrollen zu beobachten.
>
> | Land | Offenheitsindex | | Wechselkursprämie | |
> |---|---|---|---|---|
> | | 1973 | 1988 | 1971-1975 | 1988 |
> | Lateinamerika | | | | |
> | Argentinien | 1,4 | 2,2 | 38 | 50 |
> | Brasilien | 1,5 | 1,5 | 13 | 57 |
> | Chile | 2,5 | 1,8 | 414 | 29 |
> | Ecuador | 3,4 | 2,6 | 9 | 18 |
> | Kolumbien | 1,7 | 1,7 | 14 | 15 |
> | Mexiko | 3,5 | 2,8 | 0 | 15 |
> | Nicaragua | 3,9 | 0,8 | 19 | 416 |
> | Paraguay | 3,5 | 1,9 | 25 | 127 |
> | Uruguay | 1,9 | 3,4 | 11 | 11 |
> | Venezuela | 4,0 | 2,3 | 190 | 190 |
> | Andere Entwicklungsländer und Emerging Markets | | | | |
> | Indien | 1,9 | 1,1 | 3 | 14 |
> | Indonesien | 2,3 | 2,3 | 3 | 16 |
> | Israel | 2,1 | 1,3 | 25 | 17 |
> | Malaysia | 3,4 | 2,6 | 1 | 2 |
> | Pakistan | 0,6 | 1,3 | 86 | 10 |
> | Philippinen | 0,8 | 0,8 | 8 | 3 |
> | Südafrika | 0,0 | 1,5 | 12 | 5 |
> | Südkorea | 0,7 | 2,3 | 11 | 10 |
> | Syrien | 3,9 | 2,3 | 11 | 354 |
> | Thailand | 1,6 | 1,6 | 0 | 1 |
> | Tunesien | 1,6 | 1,6 | 15 | 12 |
>
> Quelle: Cooper (1999) und World Currency Yearbook (Wechselkursprämien), verschiedene Ausgaben

Vorteilhaft ist bei Kapitalexportkontrollen, daß sie nicht bereits im Vorfeld von Krisen eingeführt werden müssen, sondern relativ flexibel von Regierungen im Krisenfall eingesetzt werden und daher auch nicht - oder nicht mit Sicherheit - von den Anlegern vorhergesehen werden können. Somit müssen die negativen Auswirkungen auf das gesamte Investitionsvolumen in Zeiten einer stabilen wirtschaftlichen Situation nicht in Kauf genommen werden. Vielmehr kann ein Staat, der erste Anzeichen einer aufziehenden Krise bemerkt, durch rasche Intervention die Kapitalflucht verhindern.

Dieser Zeitgewinn wird von politischer Seite sicherlich als Vorteil gesehen. Längerfristig werden Kapitalexportkontrollen dazu führen, daß Anleger nicht mehr bereit sind, Vermögenstitel ("Assets") dieses Landes zu erwerben. Kapitalexportkontrollen sind also von ihrer Konzeption her im Vergleich zu Kapitalimportkontrollen eher als kurzfristige und zeitliche begrenzte Maßnahmen zur akuten Krisenprävention und -bekämpfung anzusehen. Die längerfristige Wirkung verdeutlicht, daß Kapitalexportkontrollen mit erheblichen Kosten in Form eines Ausfalls von Kapitalzuflüssen und damit mit Wachstumseinbußen verbunden sind.

Ein generelles Problem von Kapitalverkehrskontrollen besteht darin, daß sie Möglichkeiten zur Gewinnerzielung für diejenigen eröffnen, die z.B. aufgrund guter Verbindungen zu den entsprechenden Regierungsstellen Kapitalverkehrstransaktionen durchführen können. Diese Möglichkeit erzeugt entsprechendes "rent-seeking"-Verhalten, wodurch Ineffizienzen im Wirtschaftsprozeß entstehen.

Ein weiteres Problem von Kapitalverkehrskontrollen besteht darin, daß Investitionen in einem Land, dessen Regierung auf diese Maßnahme zurückgreift, als riskanter angesehen werden könnten. Regierungen, die heute Kapitalverkehrskontrollen einführen, könnten morgen eventuell auch noch zu anderen Maßnahmen der Intervention greifen. Diese Einschätzung könnte sich dann in höheren Riskoprämien an den Finanzmärkten niederschlagen (siehe Box 12).

(4) Zwei Fallbeispiele: Chile und Malaysia

Die Formen und die Wirkungsweise von Maßnahmen der Kapitalverkehrsregulierung werden anhand von Fallbeispielen am deutlichsten. Im folgenden werden zwei Länder herausgegriffen: Chile und Malaysia. Chile ist ein gutes Beispiel für die erfolgreiche Implementierung insbesondere von Kapitalimportkontrollen. Malaysia ist ein Beispiel für Kapitalexportkontrollen.

Chile wird häufig als Beispiel für eine erfolgreiche Wiederbelebung von Kapitalverkehrskontrollen angeführt. Zu Beginn der 90er Jahre sah sich Chile massiven Kapitalimporten ausgesetzt. Da Chile ein Fixkurssystem hat, führte dies zu einem starken Inflationsdruck, dem mit Hilfe von höheren Zinsen hätte begegnet werden müssen, um eine ansonsten notwendige

Abwertung der Währung zu vermeiden. Es entstand also das klassische Dilemma: Entweder mußte das Fixkurssystem geopfert werden oder aber die Autonomie die Geldpolitik, da diese auf die vermehrte Geldnachfrage aus dem Ausland nur mit höheren Zinsen reagieren kann. Die chilenische Politik umging dieses Dilemma mit Hilfe von Kapitalverkehrskontrollen, die durch Regulierungen im Bankensektor begleitet wurden.

Tabelle 4: Ausgewählte Maßnahmen der chilenischen Politik zum internationalen Kapitalverkehr

Bereich	Konkrete Maßnahme
Finanzinvestitionen	Ein Jahr Mindestlaufzeit.
	10% unverzinsliche Mindestreserve
Ausländische	Ein Jahr Mindestlaufzeit.
Direktinvestitionen	Keine Mindestreserve. Gilt ab $10.000
Import-/Exportkredite	Keine Mindestreserve.
Alle anderen Kapitalimporte	10 % unverzinsliche Mindestreserve.
	Ein Jahr Mindestlaufzeit.

Quelle: IWF (1998), S. 178.

Zunächst wurde 1991 eine unverzinsliche Mindesteinlage für eine Dauer von einem Jahr bei der Aufnahme von Krediten in ausländischer Währung vorgeschrieben. Damit sollten kurzfristige Darlehen behindert werden, ohne daß langfristige Investitionen betroffen sind. Je länger die Laufzeit des Krediles ist, um so weniger fällt die Mindestreserve ins Gewicht. Die Mindestreserve betrug zunächst 20% und ab Mai 1992 30%. Seit Juni 1998 ist sie auf 10% gesenkt worden. Diese Senkung widerspricht allerdings dem Trend der Jahre zwischen 1991 und 1997, als die Mindestreserveverpflichtung auf beinahe alle Finanzinvestitionen (außer den ausländischen Direktinvestitionen) ausgedehnt wurde. Alle Kapitalimporte über 10.000 US-Dollar müssen in Chile mittlerweile mindestens ein Jahr gehalten werden. Chilenische Gesellschaften müssen für ihre im Ausland ausgegebenen Bonds eine Mindestlaufzeit von vier Jahren einhalten. Für Export- und Importkredite gibt es keine Mindestreservepflicht und auch sonst keine Beschränkungen. Die Tabelle 4 gibt eine Überblick über die Maßnahmen.

Positiv zu beurteilen sind die Maßnahmen in Chile insofern, als das Verhältnis von Direktinvestitionen zu Portfolio-Investitionen relativ hoch war. Daß Chile von der Mexiko-Krise und Asienkrise vergleichsweise wenig betroffen war, wird teilweise den Kapitalverkehrskontrollen zugeschrieben. Als jedoch in Folge der eben genannten Krisen hohe Zinsen und die Aufwertungserwartung der chilenischen Währung die chilenischen Aktiva für ausländische Anleger sehr attraktiv machten, waren die Mindestreservevorschriften teilweise wirkungslos, und es kam daher zu hohen Kapitalimporten. Es läßt sich somit festhalten, daß Kapitalverkehrskontrollen helfen können, die kurzfristigen Kapitalimporte zu verhindern. Die Mindestreservevorschriften allein reichen aber nicht aus, um Anleger abzuschrecken, wenn das Zinsdifferential zu anderen Ländern zu groß wird. Außerdem sind sie nicht geeignet, in Krisenzeiten den Kapitalabfluß zu verhindern. Ihr Ansatz ist allerdings auch nicht auf die Krisenbewältigung, sondern eine Krisenverhinderung ausgerichtet, indem sie einen starken Aufbau von kurzfristigen Auslandsverbindlichkeiten zu verhindern suchen.

Anders wurden Kapitalverkehrskontrollen in Malaysia eingesetzt. Im Zuge der Währungsturbulenzen während der Asienkrise führte Malaysia Ende 1997 Kapitalexportkontrollen ein. Im Rahmen weitreichender Restriktionen für alle Arten von internationalen Kapitalbewegungen in Malaysischen Ringgid (MYR) untersagte die Regierung bzw. die Zentralbank z.B. Zahlungen in MYR an das Ausland für Importe von Waren oder Dienstleistungen sowie die Rückzahlung von Krediten im Ausland. Außerdem wurde verfügt, daß Transfers von MYR-Guthaben ins Ausland und die Kreditaufnahme in ausländischen Devisen, die bestimmte Beträge überschritten, der Zustimmung der Zentralbank bedurften. Ebenso kündigte die Zentralbank an, dass Auslandsguthaben in MYR nur mit Zustimmung der Zentralbank umgetauscht werden dürften und daß die Repatriierungen von MYR-Guthaben von Ausländern untersagt war, allerdings wurden Zinszahlungen für laufende Kredite, Gewinnabführungen und Dividenden davon ausgenommen. Devisen durften frei eingeführt, aber von Ausländern nur in der vorher mitgebrachten Menge wieder ausgeführt werden. Gleichzeitig verpflichtete sich die malaysische Regierung, alle Anstrengungen zur Wiederherstellung einer stabilen wirtschaftlichen Lage im Lande zu unternehmen, und die Maßnahmen aufzuheben, sobald diese wiederhergestellt sei. Malaysia fühlt sich auch weiterhin dem freien Marktmechanismus und dem Liberalisierungstrend verpflichtet, auch wenn die oben dargestellten Maßnahmen dem widersprachen. Die Regierung selbst betrachtete die getroffenen Maßnahmen als eine Interimslösung.

Kurzfristig sorgten die getroffenen Maßnahmen in Malaysia Anfang 1998 für eine Zinssenkung von 11% auf 7%. Gleichzeitig kam es aufgrund der stärkeren Wahl von Inlandsanlagen durch Inländer zu einem relativ starken Anstieg der Aktienkurse. Allerdings war zu beobachten, daß ausländische Investoren Malaysia vorsichtig begegneten. So sanken die

Auslandsinvestitionen im Industriesektor um 12%. Auch wenn es noch zu früh ist, die malaysische Erfahrung abschließend zu beurteilen, so scheint Malaysia doch möglicherweise einen spürbaren Preis für die kurzfristige Bekämpfung von Kapitalabflüssen gezahlt zu haben.

(5) Gesamtbeurteilung der Regulierung des Kapitalverkehrs

Bei der Gesamtbeurteilung der Wirkungen des internationalen Kapitalverkehrs ist zunächst zu berücksichtigen, daß die Liberalisierung des internationalen Kapitalverkehrs in den letzten vier Jahrzehnten insgesamt positive Wirkungen auf die Entwicklung der einzelnen Volkswirtschaften und damit der Weltwirtschaft hatte. Allerdings waren mit der Volatilität der kurzfristigen Kapitalbewegungen für eine Reihe von Ländern erhebliche Probleme verbunden. Hieran setzen die Vorschläge zur Kapitalverkehrsregulierung an.

Eine Regulierung des Kapitalverkehrs kann unter Umständen geeignet sein, die kurzfristigen Kapitalströme einzudämmen. Eine Möglichkeit hierfür stellt die Besteuerung von Devisenmarkttransaktionen dar. Sie kann allerdings spekulative Attacken nicht verhindern, wenn die Spekulanten annehmen, daß eine Währung schon relativ weit von ihrem gleichgewichtigen Kurs entfernt ist. Die Implementierung einer solchen Steuer unterliegt außerdem erheblichen internationalen Koordinierungsproblemen. Kapitalverkehrskontrollen können helfen, daß ein Land nicht von zu starken und vor allem kurzfristigen Kapitalimporten oder -exporten betroffen wird. Allerdings liegt bei ihrer Implementierung der Teufel im Detail. So ist es schwierig, "gute" Kapitalströme von "schlechten" zu unterscheiden. Außerdem sind sie leicht zu umgehen. Ferner sind einmal entstandene Bürokratien zur Überwachung und Durchführung der Kapitalverkehrskontrollen später nur schwer wieder abzubauen.

Sie sind außerdem keine Alternative zu erforderlichen strukturellen Reformen, sondern helfen allenfalls vorübergehend, Zeit zu gewinnen. Werden Kapitalverkehrskontrollen langfristig aufgebaut, sind Verminderungen von Kapitalzuflüssen und hierdurch Wachstums- und Wohlstandseinbußen nicht auszuschließen. Wie umfangreich diese Effekte sind, ist allerdings nur sehr schwer zu beziffern. Von Befürwortern einer Kapitalverkehrsregulierung wird häufig bezweifelt, daß diese Effekte bedeutend sind. Die meisten Ökonomen sehen in Kapitalverkehrskontrollen jedoch nur zeitlich befristet einsetzbare Maßnahmen. Die langfristig eher negativen Wirkungen einer Regulierung des Kapitalverkehrs werden auch von der überwiegenden Mehrheit der empirischen Untersuchungen bestätigt, wie die Übersicht in Tabelle 5 zeigt.

Tabelle 5: Überblick über ausgewählte empirische Studien zu Kapitalverkehrskontrollen (KVK)

Autoren	Untersuchungsgegenstand	Daten/Methode	Ergebnisse
Alesina, Grilli, Milesi-Ferretti (1994)	Politische Ökonomie von Kapitalverkehrskontrollen	Panel Daten für 20 OECD Länder von 1950 – 1989;	Starke Regierungen und schwache Zentralbanken wenden KVK an, vermutlich um Einnahmen zu erzielen. KVK haben negativen Einfluß auf den Schuldenstand.
Grilli, Milesi-Ferretti (1995)	Wirkungen von KVK	Panel Daten für 61 Industrie- und Entwicklungsländer von 1950 – 1989	KVK bewirken höhere Inflation. KVK beeinflussen das Wachstum eher negativ.
Soto (1997)	Effektivität von KVK in Chile	Chile, 1987-1996	KVK reduzieren den Anteil kurzfristiger Kapitalimporte, bewirken ein höheres Zinsniveau.
Gruben/ McLeod (1998)	KVK und Wachstum	16 asiatische und südamerikanische Länder; Vektor-Autoregression	KVK reduzieren das Wachstum, weil sie (ungewollt) FDI und Ersparnisse reduzieren.
Garcia/ Barcinski (1998)	Effektivität der KVK in Brasilien	Brasilien, 1987-1996	KVK in Brasilien waren weitgehend wirkungslos.
Cárdenas/ Barrera (1997)	Effektivität der KVK in Kolumbien	Kolumbien, 1985-1996	KVK in Kolumbien haben nicht das Niveau der Kapitalimporte verändert, aber den Anteil der kurzfristigen Anlagen reduziert.
Johnston/ Ryan (1994)	Effektivität von KVK	"Cross Country Data" für 52 Industrie- und Entwicklungsländer, 1985-1992	Eine Zurücknahme von Kontrollen auf Kapitalexporte von Industrieländern bewirkt eine Strukturveränderung hin zu langfristigen Portfolioinvestitionen und FDI. In Entwicklungsländern ist keine Wirkung bei der gleichen Rücknahme festzustellen, da die vorherigen Kontrollen dort kaum durchgesetzt worden sind.

Liegt in einem Land traditionell eine umfangreiche Kapitalverkehrsregulierung vor, wie sie für Entwicklungsländer typisch ist, stellt sich die Frage, wie dieses Land eine Liberalisierung des Kapitalverkehrs vornimmt. Hier zeichnet sich sowohl aus theoretischen als auch empirischen Arbeiten die Erkenntnis ab, daß eine Kapitalverkehrsliberalisierung im "big-bang"-Stil erhebliche Risiken birgt. Besonders wichtig ist im Liberalisierungsprozeß der Aufbau geeigneter Institutionen (etwa eine entsprechende Bankenaufsicht), die über die Auswirkungen der internationalen Kapitalbewegungen auf die Stabilität des Finanzsektors wacht. Sofern der Aufbau dieser Institutionen selbst wiederum endogen an den Entwicklungsprozeß geknüpft ist, hängt der optimale Grad der Liberalisierung auch vom Entwicklungsstand der Volkswirtschaft ab.

4.3 Welche Rolle für den IWF?

(1) Die Kritik am IWF

Die durch die Asienkrise ausgelöste Diskussion um die Krisenverhinderung und Krisenbewältigung im internationalen Finanzsystem hat eine besonders kontrovers geführte Debatte um die Rolle des IWF ausgelöst. Dabei wurde insbesondere die Frage erörtert, ob der IWF die Krisen im internationalen Finanzsystem eher verschlimmert als verhindert. Je nachdem, wie die Antwort hierauf ausfällt, impliziert dies die Forderung nach einer Ausweitung oder Einschränkung des IWF. Damit wird häufig die grundsätzlichere Frage verbunden, welche Finanzinstitutionen das internationale Währungs- und Finanzsystem überhaupt benötigt und welche Aufgaben diesen zuzuweisen sind.

Nicht zuletzt aufgrund der immer wieder auftretenden Krisen wurden im Laufe der Zeit zahlreiche Einzelkritikpunkte gegen die Politik des IWF vorgetragen. Systematisiert man jedoch die Kritik, lassen sich im wesentlichen drei prinzipielle Kritikfelder unterscheiden, die wie folgt zusammengefaßt werden können:[2]

1. Die vom IWF vorgeschlagenen wirtschaftspolitischen Maßnahmen sind häufig nicht sinnvoll. Der IWF wendet nach dieser Kritik auf alle Länder im Prinzip die gleichen Rezepte an und beachtet zu wenig de-

---

[2] Wir konzentrieren uns hier auf die Hauptkritikpunkte. Andere Kritikpunkte sind nicht selten stärker ideologisch geprägt und sollen daher hier nicht betrachtet werden. Zu ihnen vgl. Blecker (1999, S. 105f.). Eine gute Übersicht zur Kritik am IWF findet sich auch bei Krueger (1998).

ren strukturelle Besonderheiten. Außerdem gehen die IWF-Programme meist zu Lasten der sozial Schwachen und führen deshalb zu einer größeren Verteilungsungleichheit. Gleichzeitig induziert der IWF einen Teil der Finanzkrisen durch Äußerungen über strukturelle Probleme bzw. Fehlentwicklungen eines Landes. Im Zusammenhang mit der Asienkrise wird auch kritisch angemerkt, daß der IWF eine Liberalisierung der Kapitalmärkte in den Ländern der dritten Welt und in den Schwellenländern verlangt, obwohl diese in aller Regel nicht die Institutionen und Regelwerke aufweisen, um die Kapitalströme und ihre Verwendungen angemessen zu überwachen. Ein Bereich intensiver Debatte zur IWF-Politik betrifft das Währungssystem. Während manche Kritiker dem IWF ein Festhalten an festen Wechselkursen vorwerfen, die Währungskrisen geradezu heraufbeschwören, sind für andere die Versuche des IWF, flexible Wechselkurse in Ländern mit zuvor festen Wechselkursen einzuführen, zu weitgehend und für die verheerenden Folgen von Inflation und Rezession in den Krisenländern verantwortlich.

2. Die Kreditvergabe des IWF ist zu restriktiv und die damit verbundenen Austeritätsprogramme überzogen. Dies führt in den Schuldnerländern zu einem unnötigen wirtschaftlichen Abschwung und daher zu einem Anhalten der Krisen.

3. Die Kreditvergabe des IWF ist zu umfangreich. Letztlich rettet der Fonds hoch verschuldete Länder aus ihrem selbstverschuldeten "Schlamassel" und verstärkt damit eine Haltung sorg- und rücksichtsloser Risikofreudigkeit ("Moral Hazard"): Ausländische Anleger verlassen sich auf die Hilfen des IWF und berücksichtigen bei ihren Anlageentscheidungen das Länderrisiko nicht in gleicher Höhe, als sie dies ohne die erwarteten Unterstützungen des IWF vornehmen würden. Die dadurch entstehenden Anreizverzerrungen für die Kapitalströme in die Schuldnerländer verstärken letztlich die Wahrscheinlichkeit, daß es zu Krisen kommt.

Die einzelnen Kritikpunkte werden aus ganz unterschiedlichen Vorstellungen über die Rolle des IWF heraus geäußert. Insofern ist es auch nicht überraschend, daß die Kritikpunkte teilweise genau entgegengesetzte Positionen widerspiegeln.

Box 14: Makroökonomische Anpassung versus institutionelle Reformen: Was zuerst? - Das Beispiel Rußlands -

Dem IWF wird häufig auch vorgeworfen, zu sehr die makroökonomische Anpassung (insbes. Reduktion des Staatsdefizits, Reduktion der Inflationsrate und Reduktion des Leistungsbilanzdefizits) in Verbindung mit einer Privatisierung der Wirtschaft zu verfolgen und zu wenig die strukturellen Reformen der Institutionen und der Regulierung zu beachten. Nirgends wurde diese Kritik so laut wie im Falle Rußlands. Kritiker sehen in der trotz anhaltender und umfangreicher IWF-Programme letztlich enttäuschenden wirtschaftlichen Entwicklung der 90er Jahre einen Beleg dafür, daß die Ausrichtung der Strategie falsch war. Zu den Kritikern gehört auch der frühere Chef-Volkswirt der Weltbank, Joseph Stiglitz. Er äußerte 1999, daß Privatisierung und Makrostabilisierung in Rußland zu schnell vorangetrieben wurden und aufgrund unzureichender Institutionen und eines fehlenden Regulierungsrahmens zum Scheitern verurteilt waren. Vor der Privatisierung hätte man zunächst am Regulierungsrahmnen arbeiten, für eine Durchsetzung der Gesetze sorgen und die Effektivität von Institutionen, wie z.B. Gerichten, erhöhen sollen.

> **Unterschiedliche Positionen zur Reihenfolge von Maßnahmen**
>
> *Stiglitz-Position:*
> - zuerst Stärkung der Institutionen;
> - dann Makroanpassung und Privatisierung.
>
> *IWF-Position:*
> - knapper Zeitrahmen erlaubt kein Abwarten;
> - Makroanpassung, Privatisierung und Stärkung der Institutionen sind daher gleichzeitig durchzuführen.

Diese Kritik hat massiven Widerspruch ausgelöst. Vertreter des IWF und der Finanzministerien G-7 Länder heben hervor, daß die Weltbank selbst Dutzende von Expertenteams nach Rußland geschickt hat, um an den Gesetzesreformen, Ausbildungsprogrammen für Richter usw. mitzuarbeiten. Der Gesamtprozeß ist jedoch ihrer Ansicht nach sehr komplex. Die Reformer hatten bei der Privatisierung nicht den Luxus abzuwarten, bis alle institutionellen Verbesserungen abgeschlossen waren. Darüber hinaus unterstreichen sie, daß die Privatisierung im Großen und Ganzen geklappt habe.

Auch ein Forschungspapier der Weltbank (Nellis, 1999) kommt zu dem Ergebnis, daß die Privatisierung in Transformationsländern im allgemeinen erfolgreich war. Jene Ländern, die den Privatisierungsprozeß nicht konsequent und zügig verfolgt hätten, hätten in der darauf folgenden Zeit die Staatsunternehmen ebenfalls nicht erfolgreich betrieben. Als Beispiel wird in diesem Zusammenhang auf die Ukraine verwiesen, deren wirtschaftliche Erfolge deutlich schlechter waren als in Rußland.

Im folgenden soll eine Konzentration auf die beiden letzten Kritikpunkte erfolgen, weil sie im Zentrum der Diskussion um die Rolle des IWF bei einer Reform der internationalen Finanzarchitektur stehen. Zur Beurteilung dieser Kritikpunkte erscheint es jedoch sinnvoll, auf den ersten Kritikpunkt insoweit einzugehen, als dies die dem IWF übertragene Aufgabe und die damit zusammenhängende Strategie deutlich macht.

(2)   **Zur Strategie des IWF**

Als der IWF nach dem zweiten Weltkrieg zusammen mit der Weltbank als eine Tochterorganisation der Vereinten Nationen gegründet wurde, erhielt er den Auftrag, Mitgliedsländern des Festkurssystems von Bretton Woods in Zeiten von Zahlungsbilanzdefiziten Finanzhilfen zur Verfügung zu stellen, damit diese ihren internationalen Zahlungsverpflichtungen nachkommen können und keine Beschränkungen des internationalen Zahlungsverkehrs einführen. Als Voraussetzung für die Hilfe des IWF wurde die Bereitschaft des jeweiligen Landes festgelegt, angemessene wirtschaftspolitische Anpassungsmaßnahmen durchzuführen. Diese Aufgabe sollte insbesondere dazu dienen, eine Abwertung der im Bretton-Woods-System fixierten Währungen zu vermeiden. Mit dem Zusammenbruch des Bretton-Woods-Systems sind zahlreiche Länder zu flexiblen Wechselkursen übergegangen, doch hat sich damit die Aufgabe des IWF nicht grundsätzlich geändert.

Die dem IWF zugewiesene Aufgabe und dessen Vorgehensweise kann anhand einfacher kreislauftheoretischer Zusammenhänge verdeutlicht werden. Hierbei wird auf keinerlei Theorien, sondern lediglich auf stets geltende Beziehungen zurückgegriffen. Aus der volkswirtschaftlichen Kreislaufanalyse ergibt sich, daß

$$Y = C + I + G + X - M$$

gilt, wobei Y, C, I, G, X und M für das BSP, den privaten Konsum, die privaten Investitionen, die Staatsausgaben, die Exporte und die Importe (jeweils von Gütern und Dienstleistungen) stehen. Kürzt man die Summe aus Konsum, Investitionen und Staatsausgaben mit A als Ausdruck für die Absorption der Volkswirtschaft ab, läßt sich der voranstehende Ausdruck zu

$$Y - A = X - M$$

vereinfachen. Die Differenz aus Produktion und heimischer Absorption entspricht demnach der vereinfacht als Leistungsbilanz bezeichneten

Differenz aus Exporten und Importen.[3] Berücksichtigt man weiterhin, daß die Summe aus Leistungsbilanzsaldo (X-M) und Kapitalbilanzsaldo (Kb) den Veränderungen der Währungsreserven (ΔWR) entspricht, mithin

$$X - M + Kb = \Delta WR$$

gilt, läßt sich der zuvor betrachtete Ausdruck auch als

$$Y-A + Kb = \Delta WR$$

schreiben. Erzielt ein Land mit festen Wechselkursen aufgrund geringerer Kapitalzuflüsse oder sogar einer Umkehrung der Kapitalbewegungen geringere Kapitalbilanzsalden (Kb) und gleichzeitig einen unveränderten Leistungsbilanzsaldo (X-M bzw. Y-A), entsteht ein Zahlungsbilanzdefizit. In diesem Fall bestehen prinzipiell fünf Möglichkeiten, hierauf zu reagieren:

a) Die Regierung bzw. die Zentralbank kann das Zahlungsbilanzdefizit hinnehmen und dem Nachfrageüberhang nach Devisen begegnen (WR). Dies stellt eine Finanzierung des Zahlungsbilanzdefizits dar. Bestehen nicht genügend Währungsreserven, müßte sich die Zentralbank im Ausland verschulden, so daß das Zahlungsbilanzdefizit einige Zeit aufrechterhalten werden kann.

b) Die Regierung bzw. die Zentralbank kann unter Beibehaltung des festen Wechselkurses versuchen, über höhere Zinsen eine Verbesserung der Kapitalbilanz zu erreichen.

c) Die Regierung kann bei gegebenem Wechselkurs versuchen, durch Schaffung zusätzlicher Produktionsanreize und/oder Reduktion der Inlandsnachfrage (mithin der Absorption) eine Verbesserung der Leistungsbilanz (=Y-A) herbeizuführen. Maßnahmen zur Produktionssteigerung sind im wesentlichen jene der Angebotspolitik und erfordern bis zur vollständigen Wirkungsentfaltung nicht unerhebliche Zeit. Maßnahmen zur Reduktion der Inlandsnachfrage sind jene der Nachfragepolitik, die im geschilderten Fall restriktiv eingesetzt werden müssen, um die gewünschte Wirkung zu entfalten. Dies wird gewöhnlich durch eine restriktive Fiskalpolitik (Erhöhung von Steuern und/oder Senkung der Staatsausgaben) – gegebenenfalls in Kombination mit einer restriktiven Geldpolitik - zu erreichen versucht.

---

[3] Hierbei wird vereinfachend von unentgeltlichen Zahlungen zwischen In- und Ausland (d.h. von Übertragungen) abgesehen. Exporte und Importe beinhalten außerdem auch die Faktor- und Vermögenseinkommen.

d) Die Regierung bzw. die Zentralbank kann versuchen, durch eine Abwertung der Inlandswährung die Leistungs- und die Kapitalbilanz zu verbessern.[4] Alternativ kann dies auch durch eine Flexibilisierung des Wechselkurses angestrebt werden.

e) Die Regierung bzw. die Zentralbank könnte bei gegebenem Wechselkurs Beschränkungen des internationalen Zahlungsverkehrs einführen. Diese könnten sich auf Leistungsbilanz- und/oder Kapitalbilanztransaktionen beziehen. Eine eher indirekte Form der Einflußnahme auf beide Transaktionsarten bildet die Erhebung von Zöllen auf den internationalen Handel (Handelspolitik) und den internationalen Kapitalverkehr.

Sofern ein entstehendes Zahlungsbilanzdefizit als temporär angesehen wird, kann eine Regierung auf die erste Reaktionsmöglichkeit zurückgreifen. Eine Intervention des IWF wäre hierbei dann erforderlich, wenn ein Land nicht über ausreichende Währungsreserven verfügt und auch am Kapitalmarkt keine ausreichenden Kredite aufnehmen kann. Ist das auftretende Zahlungsbilanzdefizit von Dauer und kann (oder will) ein Land nicht auf Währungsreserven bzw. Devisenkredite zurückgreifen, um den geltenden Wechselkurs zu verteidigen, ist es gezwungen, eine der vier anderen Alternativen (allein oder in Kombination) zu wählen. Erfolgt dies abrupt, können die Maßnahmen wie ein negativer Schock auf die Volkswirtschaften wirken, womit Rezession und Einkommensrückgang verbunden sind. Diese Härten zu begrenzen, war eine der wesentlichen Aufgaben, die dem IWF bei dessen Gründung zugewiesen wurden. Maßnahmen, die geeignet sind, nach einiger Zeit das Zahlungsbilanzdefizit zu beseitigen und daher nur eine temporäre Finanzierung des Defizits erforderlich machen, sollten vom IWF durch Devisenkredite unterstützt werden, welche die erforderliche Finanzierung bilden. Dies ermöglicht den betroffenen Ländern gleichzeitig eine längere Anpassungszeit als sie ohne Finanzierung zur Verfügung stehen würde.

---

[4] Die Erwartung einer Verbesserung der Leistungsbilanz basiert auf der durch die Abwertung induzierten Verbesserung der preislichen Wettbewerbsfähigkeit. Eine Verbesserung der Kapitalbilanz könnte eintreten, wenn die Devisenmarktteilnehmer bei einer Abwertung von einer Beseitigung des Zahlungsbilanzproblems ausgehen und die Kapitalströme sich wieder zugunsten des betroffenen Landes umkehren.

4 Reformvorschläge der makroökonomischen Governance

Dies verdeutlicht das Ziel der IWF-Politik: die betroffenen Länder sollen bei der Wahl zwischen Wechselkursfixierung, freiem Zahlungsverkehr und Freiheit der heimischen Wirtschaftspolitik, also in der impossible trinity der Währungspolitik, nicht zu einer Einschränkung des internationalen Zahlungsverkehrs oder Behinderung des internationalen Handels greifen. Dies zeigt, daß der IWF unter den oben aufgeführten Strategien traditionell auf die Maßnahmenbündel b), c), und d) zurückgegriffen hat. Insoweit, als der Wechselkurs nicht freigegeben wird, ist die Wirtschaftspolitik dem Wechselkursziel und der Freiheit des internationalen Zahlungsverkehrs unterzuordnen. Der Ansatz des IWF kann daher als konsistent mit der impossible trinity angesehen werden und ist vom Grundsatz her unabhängig von länderspezifischen Gegebenheiten.

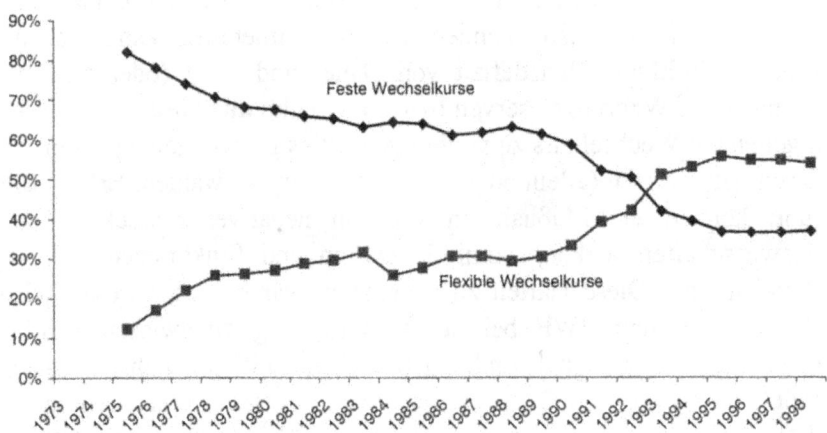

Schaubild 6: Entwicklung von Wechselkurssystemen 1975-97

Eine in diesem Zusammenhang oft kritisierte Einstellung des IWF betrifft die hinsichtlich des empfohlenen Wechselkurssystems. Gerade im Zusammenhang mit der Asienkrise ist vielfach das Festhalten an festen Wechselkursen und die Ermutigung durch den IWF kritisiert worden. Die empirischen Hinweise deuten aber darauf hin, daß in Entwicklungsländern weltweit ein Rückgang von Systemen fester Wechselkurse und eine Zunahme von flexiblen Wechselkursen zu beobachten ist (vgl. Schaubild 6). Auch wenn der IWF einzelne Länder ermutigt hat, inflexible Wechselkurssysteme aufrechtzuerhalten, wie dies wahrscheinlich in Brasilien der Fall war (Sachs 1999), kann nicht nachgewiesen werden, daß der IWF den

Entwicklungs- und Schwellenländern insgesamt gesehen Festkurssysteme empfohlen hat (Nunnenkamp 1999).

Box 15: Die größten und die kleinsten Mitgliedsländer des IWF

Die Mitgliedsländer des IWF zahlen zum Zeitpunkt ihres Beitritts eine sogenannte Quote ein, die sich an der Bedeutung der Länder in der Weltwirtschaft (BIP und Welthandel) orientiert. Sie wird in Sonderziehungsrechten (SZR) angegeben, die eine Korbwährung aus Dollar, Euro, Yen und britischem Pfund darstellt (Anfang 2000: 1 SZR ≈ 1,33 Euro). Gemäß dieser Quote erhalten die Mitgliedsländer Stimmenanteile bei den Entscheidungen des IWF. Die ökonomisch bedeutendsten Länder stellen den größten Teil der Fonds bereit, aus denen die verschiedenen Kreditfazilitäten begeben werden. Sie besitzen daher auch die meisten Stimmenanteile. Wie die untenstehende Aufstellung zeigt, haben USA, Japan und Deutschland die größten Quoten- und somit auch Stimmenanteile. Auf sie entfallen 29% der Gesamteinzahlungen. Von den zu Beginn des Jahres 2000 insgesamt 182 Ländern stellen Palau und die Marshall Inseln die kleinsten Länder dar. Ihr Anteil beläuft sich auf 0,003 %.

Land	Quote (in Millionen SZR)	Anteil an den Quoten (in v.H.)
1. USA	37.149,3	17,521
2. Japan	13.312,8	6,279
3. Deutschland	13.008,2	6,135
4. Frankreich	10.738,5	5,065
5. UK	10.738,5	5,065
6. Italien	7.055,5	3,328
7. Saudi-Arabien	6.985,5	3,295
⋮	⋮	⋮
176. São Tomé und Principe	7,4	0,003
177. Tonga	6,9	0,003
178. Bhutan	6,3	0,003
179. Kiribati	5,6	0,003
180. Vereinigten Staten von Mikronesien	5,1	0,002
181. Marshall Inseln	3,5	0,002
182. Republik Palau	3,1	0,001

Quelle: IWF (1999)

Bei flexiblen Wechselkursen bzw. Floating besteht gemäß der impossible trinity zunächst kein Zwang, die Autonomie der Geldpolitik (oder allgemeiner: der heimischen Wirtschaftspolitik) aufzugeben, um die Politik in den Dienst der Außenwirtschaft zu stellen. Allerdings ist die Ausgangssituation von Ländern, die sich an den IWF wenden, oft durch einen relativ starken Verfall des Wertes der Inlandswährung gekennzeichnet und es besteht der Wunsch, diesen Verfall zu reduzieren. In diesem Fall ergeben sich genau die gleichen Ansätze wie oben. Die Zentralbank kann dies zwar durch Verkauf von Währungsreserven versuchen, eine solche Politik aber auf Dauer nicht durchhalten. Die Alternative besteht in der gleichen Strategie, wie sie zuvor beschrieben wurde, d.h. es ist eine Wirtschaftspolitik zu betreiben, die von den Fundamentalfaktoren her eine Verminderung der Abwertungsrate impliziert.

Wenn der Ansatz des IWF somit konsistent mit der impossible trinity ist, so kann es dennoch sein, daß seine Politik fehlschlägt. Dies ist dann der Fall, wenn die Finanzhilfen nicht groß genug sind, um eine entsprechende Streckung der wirtschaftspolitischen Anpassung auf eine Krisensituation zu ermöglichen und sich somit schwerwiegende Rezessionen als Folge von Währungskrisen ergeben. In diesem Fall müßte man für eine Ausweitung der Finanzhilfen des IWF argumentieren, um eine raschere Erholung der betroffenen Wirtschaften zu gewährleisten. Die IWF-Politik kann aber auch dann fehlschlagen, wenn sie indirekt dazu führt, daß internationale Kapitalströme zu stark in die Problemländer gelenkt werden und dort letztlich zum Auslöser der Krise werden. In diesem Falle müßte man sich für mehr Zurückhaltung durch den IWF aussprechen. Beide Standpunkte werden in der Diskussion in den Wirtschaftswissenschaften sowie in der Politik vertreten und werden daher im folgenden nacheinander beleuchtet.

(3) Zum Vorwurf einer zu restriktiven Kreditvergabepolitik des IWF und zum Vorschlag eines IWF als "international lender of last resort"

Der Vorwurf zu restriktiver Kreditvergabe und der Verordnung übermäßiger Austerität wurde gerade im Zusammenhang mit der Asienkrise verstärkt geäußert. Hierbei wurde argumentiert, daß sich der Charakter der Zahlungsbilanzkrisen gegenüber den lateinamerikanischen Krisen grundlegend geändert habe. Die Krisen hingen nicht mit einer zu expansiven Wirtschaftspolitik zusammen, die eine restriktive Politik erfordern, sondern mit einer plötzlichen Umkehr von Kapitalflüssen, die letztlich auf die gestiegene Volatilität der internationalen Kapitalbewegungen und das Herdenverhalten von Anlegern zurückzuführen seien. Folglich sei die Krisenursache keine Fehlentwicklung bei den Fundamentaldaten, sondern die veränderte Charakteristik internationaler Kapitalmärkte. Die angemessene Reaktion sei demzufolge auch nicht eine Anpassung der Realwirtschaft, wie sie traditionellerweise über restriktive Geld- und Fiskalpolitik herbeigeführt werden soll, sondern eine direkte Bekämpfung der spekulativen Attacken. Diese erforderten z.B. die Bereitstellung ausreichender Finanzhilfen durch den IWF, so daß die Anleger die Erfolglosigkeit spekulativer Attacken erkennen und diese deshalb gar nicht erst entstünden. Im Ergebnis läuft die erste Kritik darauf hinaus, die weiter oben beschriebene Strategie a) zu wählen, d. h. eine Finanzierung der Zahlungsbilanzdefizite vorzunehmen.

Box 16: Flexibilität von IWF-Programmen: Das Beispiel Ostasiens

Der IWF hat seine Anforderungen an die fiskalpolitischen Anpassungsbemühungen der asiatischen Krisenländer im Zeitablauf gelockert. Im Zuge der Asienkrise wurden zunächst fiskalpolitische Anstrengungen eingefordert, weil hierin ein wesentlicher Teil der Anpassungsstrategie gesehen wurde. Als sich die Rezession in den ostasiatischen Ländern 1998 verschärfte, erhöhte der IWF das Fiskaldefizit, das er als angemessene Anpassung ansah. Insofern kann in der Tat gesagt werden, daß IWF-Programme eine gewisse Flexibilität aufweisen, auch wenn ihr Grad Gegenstand kontrovers geführter Diskussionen bleibt.

Tabelle 1: Haushaltssaldo zu Bruttoinlandsprodukt

	1996	1997	1998			
			Anfängl. Paket	Erste Revision	Zweite Revision	Dritte Revision
Indonesien	1,2	-0,2	1,0	-1,0	-3,0	-8,5
Korea	0,5	0,3	0,0-0,3	0,0-0,3	-0,8	-1,8
Malaysia	1,1	2,6	2,5	0,5	-3,5	
Philippinen	0,3	-0,9	0,0	-1,0	-3,0	
Thailand	2,4	-0,9	1,0	1,0	-1,6	-2,4

Quelle: Weltbank (1999)

Auf Basis der voranstehenden Überlegungen wurde die IWF-Politik während der Asienkrise vor allem für die empfohlene restriktive Fiskalpolitik kritisiert. Wenn die Fundamentaldaten unbedenklich sind, induziert eine stark restriktive Fiskalpolitik in der Tat eine Rezession, die dann zur Krisenverschärfung führt. Richtig an dieser Argumentation ist, daß die Anfälligkeit von Festkurssystemen gegen Krisen selbst bei unproblematischen Fundamentaldaten bei höherer Kapitalmobilität gestiegen ist. Die Kritik beachtet allerdings nicht, daß eine Einschränkung der staatlichen Absorption unvermeidlich wird, wenn die Kapitalzuflüsse ausbleiben und nicht die gesamte Anpassung zur Beseitigung von nicht mehr zu finanzierenden Leistungsbilanzdefiziten vom Privatsektor übernommen werden soll. Insofern ist eine restriktivere Fiskalpolitik auch in Krisen, wie sie in Ostasien auftraten, unumgänglich. Was der IWF allerdings bei seinen Empfehlungen zur Fiskalpolitik zunächst unterschätzt hatte, war der Abschwung, der sich in den ostasiatischen Ländern als Folge der Krisen ergab und der sich in einer zyklischen Komponente automatisch im Fiskaldefizit niederschlägt. Als der IWF dies später bemerkte, paßte er seine Empfehlungen an und lockerte die Konditionen bezüglich der anzustrebenden Fiskaldefizite (vgl. Cline 1998, IWF 1999, Neiss 1998).

Unklarer ist, ob die restriktive Geldpolitik, die in Zinserhöhungen zum Ausdruck kam, angemessen oder übertrieben war. Der IWF begründete die Erhöhung der Zinsen damit, daß den Anlegern ein Signal für den Entschluß der Rettung des Festkurssystems gegeben werden mußte und dies angesichts des Zeitbedarfs bei anderen Reformen das einzige verfügbare Signal war. Kritiker dagegen verwiesen darauf, daß die Zinserhöhung zu einer Verstärkung der Rezession, die ohnehin praktisch unvermeidlich war, beitrug und die Entwicklung noch weiter verschlimmerte. Beide Argumentationen enthalten Wahrheiten, und es ist letztlich eine empirische Frage, ob hohe Zinsen den Wechselkurs eher stützen oder gefährden (Eichengreen 1999, S. 111). Überzeugende Ergebnisse gibt es hierzu in der Literatur bisher nicht. Daß der Erfolg der Programme hinsichtlich der Rettung des Festkurssystems ausblieb, wird ebenfalls unterschiedlich interpretiert. Kritiker des IWF sehen sich in der Ansicht bestätigt, daß der IWF eine zu starke Anhebung der Zinsen verlangt habe. Der IWF selbst sieht die Ursachen in den nicht konsequent durchgehaltenen Zinserhöhungen in einigen der ostasiatischen Schwellenländer. Insofern wundert es nicht, wenn auch Eichengreen (1999) zum Ergebnis kommt, daß letztlich die Angemessenheit der empfohlenen Zinserhöhungen nicht abschließend beurteilt werden kann.

Die Kritik einer zu restriktiven Kreditvergabe hat zu zwei Vorschlägen geführt: Zum einen sollte der IWF die Erlaubnis erhalten, auch dann an Länder Kredite zu vergeben, wenn diese im Zahlungsverzug gegenüber ausländischen Gläubigern stehen. Dies soll helfen, ernsthafte und für die Realwirtschaft schädliche Finanzierungsengpässe zu vermeiden. Zum anderen besteht eine mögliche Konsequenz darin, den IWF mit deutlich umfangreicheren Ressourcen auszustatten und ihm die Möglichkeit zu geben, die Funktion des "international lender of last resort" zu übernehmen. Damit könnte ein Land im Bedarfsfall sehr hohe Kredite beim IWF aufnehmen, um bei spekulativen Attacken die Parität einer Währung zu verteidigen. Dies würde dem IWF die Funktion zuweisen, welche die

Zentralbank für die nationalen Bankensysteme ausüben. Dieser Vorschlag wurde auch vom stellvertretenden geschäftsführenden Direktor des IWF, Fischer (1999), befürwortet. Damit sollte gerade in Zeiten von Währungs- und Finanzkrisen den Spekulanten die Chance genommen werden, ein Zusammenbruch des Wechselkurssystems herbeiführen zu können. Aufgrund des an den Finanzmärkten zu beobachtenden Herdenverhaltens wäre eine "international-lender-of-last-resort"-Funktion des IWF geeignet, die Massenpsychologie zu brechen und die Unsinnigkeit einer spekulativen Attacke in Ländern mit stabilitätsorientierter Wirtschaftspolitik zu verdeutlichen. Als Beispiel für den Erfolg einer solchen Strategie wird von Buira (1999) der Fall Frankreichs während der Krise im Europäischen Währungssystem 1993 gesehen.

Damit der IWF auch bei sehr großen Finanzhilfen glaubwürdig bleibt, muß er nach dem Vorschlag der Befürworter dieser Strategie mit deutlich größeren finanziellen Ressourcen ausgestattet werden. Damit die Mitgliedsländer des IWF weiterhin Anreize haben, eine stabilitätsorientierte Wirtschaftspolitik zu verfolgen, wird gefordert, daß die Verschuldungsmöglichkeiten beim IWF auf Länder beschränkt werden, deren Wirtschaftspolitik entsprechend positiv vom IWF eingeschätzt wird. Die Länder, die in Zeiten von Währungs- und Finanzkrisen Zugriff auf solche unbegrenzten Kredite erhalten wollen, müßten sich dementsprechend vorher qualifizieren (Calomiris 1998). Länder, die den IWF-Standards nicht genügen, würden in Krisenzeiten einen solchen Kreditzugang nicht erhalten. Diese Qualifizierung von Ländern würde nach Ansicht der Befürworter des "international-lender-of-last-resort"-Vorschlags die Gefahr von Moral Hazard sehr gering halten.

Der Vorschlag, dem IWF die "international-lender-of-last-resort"-Funktion zuzuweisen, ist nicht neu und dennoch weiterhin umstritten (vgl. z.B. die Diskussion bei Giannini 1999). Problematisch erscheint zunächst, daß der IWF diese Rolle schon deshalb nur schwer spielen kann, weil er im Gegensatz zu Zentralbanken selbst keine Zahlungsmittel herstellen kann (Siebert 1999). Insofern wird er immer auf die eigene Finanzausstattung durch die Mitgliedsländer angewiesen sein. Da nicht davon auszugehen ist, daß diese unbegrenzt sind, kann keine völlige Glaubwürdigkeit der Durchhaltemöglichkeiten einer Politik des "international lender of last resort" bestehen. Außerdem erscheint es schwierig, die Fälle, in denen die Zahlungsbilanzkrisen in der Tat Ergebnis reinen Herdenverhaltens sind und keine fundamentalen Störungen Auslöser für die Umkehr von Kapitalbewegungen sind, zu identifizieren. Ein Irren hätte hierbei verheerende Folgen.

Box 17: Hauptkreditfazilitäten des IWF

Drei Kredite machen die wichtigsten Kreditfazilitäten des IWF aus:

- *das Beistandsabkommen ("Stand-By Arrangement")*
- *die Erweiterte Fondsfazilität ("Extended Fund Facility")*
- *die Strukturanpassungsfazilität ("Enhanced Structural Adjustment ...")*

Im Herbst 1999 betrug die Gesamtsumme der Kreditzusagen des IWF 55 Mrd. Sonderziehungsrechte (SDR), welches rd. 73 Mrd. Euro entspricht. Ca. 75% dieser Kredite entfielen auf die Beistandsabkommen, auf die Zinsen in Anlehnung an die Geldmarktkonditionen unter Banken zu zahlen sind und daher im wesentlichen von Schwellenländern in Anpruch genommen werden.

Unter den genannten drei Fazilitäten stellt die Enhanced Structural Adjustment Facility (ESAF) die Fazilität mit dem höchsten konzessionellen Anteil dar. Die Kredite werden zu einem Zinssatz von 0,5% vergeben und sind 5½ Jahre tilgungsfrei. Anschließend werden sie in 10 gleich halbjährlichen Raten zurückgezahlt, so dass ihre Rückzahlung nach 10 Jahren abgeschlossen ist.

Das Volumen der IWF-Kredite ist sowohl gemessen am Bruttoinlandsprodukt der diese Kredite in Anspruch nehmenden Länder als auch im Verhältnis zu den gesamten Kapitalzuflüssen vergleichsweise gering. Dies entspricht der Strategie des IWF, derzufolge die Kredite vornehmlich Katalysatorfunktion besitzen.

Kreditvergabe des IWF (Stand November 1999)

Mitglied	Beginn	Ablauf	Betrag (in Mio. SZR)
Stand-By			39.577,64
Bosnien-Herzegovina	29.05.1998	28.04.2000	77,51
Brasilien	02.12.1998	01.12.2001	13.024,80
Kap Verde	20.02.1998	31.12.1999	2,50
El Salvador	23.09.1998	22.02.2000	37,68
Korea[1]	04.12.1997	03.12.2000	15.500,00
Mexiko	07.07.1999	30.11.2000	3.103,00
Philippinen	01.04.1998	31.03.2000	1.020,79
Rumänien	05.08.1999	31.03.2000	400,00
Rußland	28.07.1999	27.12.2000	3.300,00
Thailand	20.08.1997	19.06.2000	2.900,00
Uruguay	29.03.1999	28.03.2000	70,00
Simbabwe	02.08.1999	01.10.2000	141,36
EFF			11.749,03
Argentinien	04.02.1998	03.02.2001	2.080,00
Aserbaidschan	20.12.1996	19.12.1999	58,50
Bulgarien	25.09.1998	24.09.2001	627,62
Kroatien	12.03.1997	11.03.2000	353,16
Indonesien	25.08.1998	05.11.2000	5.383,10

Fortsetzung Tabelle

Mitglied	Beginn	Ablauf	Betrag
Jordanien	15.04.1999	14.04.2002	127,88
Moldawien	20.05.1996	19.05.2000	135,00
Pakistan	20.10.1997	19.10.2000	454,92
Panama	10.12.1997	09.12.2000	120,00
Peru	24.06.1999	31.05.2002	383,00
Ukraine	04.09.1998	03.09.2001	1.919,95
Jemen	29.10.1997	01.03.2001	105,90
ESAF			3.901,95
Albanien	13.05.1998	12.05.20001	45,04
Armenien	14.02.1996	20.12.1999	109,35
Aserbaidschan	20.12.1996	24.01.2000	93,60
Benin	28.08.1998	07.01.2000	27,18
Bolivien	18.09.1998	17.09.2001	100,96
Burkina Faso	10.09.1999	09.09.2002	39,12
Kamerun	20.08.1997	19.08.2000	162,12
Zentralafrikanische Republik	20.07.1998	19.07.2001	49,44
Elfenbeinküste	17.03.1998	16.03.2001	285,84
Äthiopien	11.10.1996	22.10.1999	88,47
Gambia	29.06.1998	28.06.2001	20,61
Ghana	03.05.1999	02.05.2002	155,00
Guinea	13.01.1997	12.01.2000	70,80
Guyana	15.07.1998	27.07.2000	53,76
Haiti	18.10.1996	31.10.1999	91,05
Honduras	26.03.1999	25.03.2002	156,75
Kirgisische Republik	26.06.1998	25.06.2001	73,38
Mazedonien	11.04.1997	10.04.2000	54,56
Madagaskar	27.11.1996	27.07.2000	81,36
Malawi	18.10.1995	31.10.1999	50,96
Mali	06.08.1999	05.08.2002	46,65
Mauretanien	21.07.1999	20.07.2002	42,49
Mongolei	30.07.1997	29.07.2000	33,39
Mosambik	28.06.1999	27.06.2002	58,80
Nicaragua	18.03.1998	17.03.2001	148,96
Pakistan	20.10.1997	19.10.2000	682,38
Ruanda	24.06.1998	23.06.2001	71,40
Senegal	20.04.1998	19.04.2001	107,01
Taijkistan	24.06.1998	23.06.2001	100,30
Tansania	08.11.1996	07.02.2000	181,59
Uganda	09.11.2000	09.11.2000	100,43
Jemen	28.10.2000	23.06.2001	264,75
Sambia	24.03.2002	07.02.2000	254,45
Gesamt			55.228,62

[1] Includes amounts under Supplement Reserve Facility
EFF = Erweiterte Fondsfazilität
ESAF = Strukturanpassungsfazilität
Zahlen gerundet.

Quelle: Weltbank (1999)

Erkennt man z.B. zu spät, daß wirtschaftspolitische Anpassungsmaßnahmen erforderlich sind, wird deren Umfang dann stärker ausfallen müssen, da inzwischen eine größere Verschuldung entstanden ist und die Glaubwürdigkeit der Wirtschaftspolitik durch den vorzunehmenden Strategiewechsel gelitten hat.

Da die Einstufung der IWF-Mitgliedsländer nach diesem Vorschlag in zwei Gruppen erfolgt und hiervon weitreichende Signalwirkungen in den Privatsektor hinein vermutet werden können, besteht die Gefahr, daß in Ländern, die aus dem engen Kreis der berechtigten Volkswirtschaften herausfallen, gerade hierdurch eine spekulative Attacke ausgelöst wird, die dann nicht mehr mit entsprechend großzügigen Finanzhilfen des IWF bekämpft werden kann. Die beschriebene Wirkung ist aufgrund der weitreichenden Wirkungen einer Veränderung der Einstufung als deutlich stärker anzunehmen als dies regelmäßig der Fall ist, wenn ein Länderisiko von einer Ratingagentur deutlich verändert wird. Es ist somit möglich, daß der IWF zum Krisenauslöser wird.[5]

Es ist außerdem fraglich, ob ein bedeutendes Land ohne Zugangsberechtigung zu den weitreichenden Finanzhilfen des IWF im Falle einer Krise wirklich von diesen Finanzierungsmöglichkeiten ausgeschlossen werden kann. Realistisch erscheint, daß das auch hierbei ein "too-big-to-fail"-Problem auftritt. Wenn der Zusammenbruch von Finanzsystemen droht, so ist zu erwarten, daß in Fällen, in denen die Volkswirtschaften entweder aufgrund ökonomischer oder aufgrund politischer Überlegungen als international wichtig eingestuft werden, eine Bereitstellung der entsprechenden Fazilitäten erfolgt.

Teilweise werden die Beschlüsse zu zwei neuen Kreditfazilitäten in jüngerer Vergangenheit als eine Ausweitung der IWF-Tätigkeit interpretiert, die zwar noch weit entfernt ist von einem internationalen Kreditgeber der letzten Instanz, aber doch in diese Richtung geht. Der IWF ergänzte seine Fazilitäten im Dezember 1997 durch die "supplemental reserve facility" (SRF) und im April 1999 durch die "contingency credit line" (CCL). Gerade letztere gibt den Mitgliedsländern Zugang zu Krediten in Höhe von 300 bis 500 Prozent der Quote. Auch wenn sie nur im Falle von Zahlungsbilanzkrisen, die mit einer "Ansteckung" von internationalen Finanzmarktturbulenzen und nur für Länder mit angemessener Wirt-

---

[5] Die ähnliche Problematik entsteht in positiver Richtung, wenn ein Land, das sich bisher nicht qualifiziert hat, plötzlich in die Kategorie "gute Wirtschaftspolitik" eingestuft würde.

schaftspolitik vorgesehen ist, erscheint dies im Bedarfsfall eine sehr umfangreiche Kreditfazilität zu sein. Es ist aber darauf zu achten, daß eine Veränderung in den Ressourcen des IWF das Moral Hazard nicht verschärft.

(4) Einschränkung der IWF-Aktivitäten oder gar Abschaffung des IWF?

Der Vorwurf zu umfangreicher Finanzhilfen und der Erzeugung von Moral Hazard ist ebenfalls im Zusammenhang mit der Asienkrise verstärkt erhoben worden und geht in der Empfehlung genau in die umgekehrte Richtung wie die im voranstehenden Abschnitt erörterte Kritik. Nicht eine Ausweitung der IWF-Aktivitäten, sondern eine Einschränkung seiner Tätigkeit wird gefordert.

Die Kritik an zu umfangreichen IWF-Krediten betont die Gefahr, daß private Investoren aufgrund der vom IWF bereitgestellten sicheren Auffangnetze die Risiken von Ausleihungen an Regierungen und - im Falle von expliziten oder impliziten Garantien - auch die Risiken von Krediten an nicht-öffentliche Schuldner ungenügend in ihren Entscheidungen berücksichtigen und daher zu hohe Risiken eingehen. Den Ausleihungen gehe mithin keine adäquate Risikobeurteilung der Mittelverwendung voraus, wodurch das Durchschnittsrisiko der Finanz- und Sachinvestitionen in der Volkswirtschaft ohne adäquate Kompensation wachse. Dies erhöhe die Gefahr umfangreicher Fehlinvestitionen und Unternehmenszusammenbrüche und induziere letztlich Defizite im Staatshaushalt und in der Zahlungsbilanz. Blieben schließlich weitere Kredite des Kapitalmarktes aus, komme es zu Krisen, in denen die Regierungen dann den IWF um entsprechenden finanziellen Beistand bäten. In dem Umfang, in dem die Privaten die Finanzhilfen des IWF erwarteten, sähen sie ihn als eine Versicherung ihres finanziellen Engagements an. Das "bailing out" des IWF sei dann Ursache einer Fehlallokation von Ressourcen. Im Ergebnis führe das IWF-Verhalten über Moral Hazard zum Marktversagen und Trittbrettfahrerverhalten (Chote 1998). Die privaten Anleger verdienten eine relativ hohe Risikoprämie, obwohl sie letztlich nur geringes Risiko trügen. Dies impliziere, daß die Tätigkeit des IWF die Anreize verzerrte und letztlich die Wahrscheinlichkeit von Krisen mit der Höhe der vom IWF bereitgestellten Kredite steige. Die beschriebene Kritik mündet in der Forderung, der IWF sollte entweder gänzlich abgeschafft werden (Edwards 1998) oder - sieht man von dieser Extremposition ab - zumindest weniger Finanzhilfen bereitstellen und sich stärker auf die Beurteilung der Wirtschaftspolitik konzentrieren.

Die Ausweitung der IWF-Kreditfazilitäten um die "supplemental reserve facility" (1997) und die "contingency credit line" (1999) wird in diesem Zusammenhang als in die falsche Richtung gehend angesehen. Diese Fazilitäten bewegen den IWF nach Ansicht der Kritiker weiter weg von seiner Katalysatorfunktion, die er anfangs übernommen hatte. Er sollte durch fachlichen Rat und begrenzte Kreditvergabe den Zugang zu Krediten aus dem Privatsektor ermöglichen. In dem Umfang, in dem diese Fazilitäten in Anspruch genommen würden, werde die Erfordernis von privaten Ressourcen geringer und es steige die Gefahr des Moral Hazard.

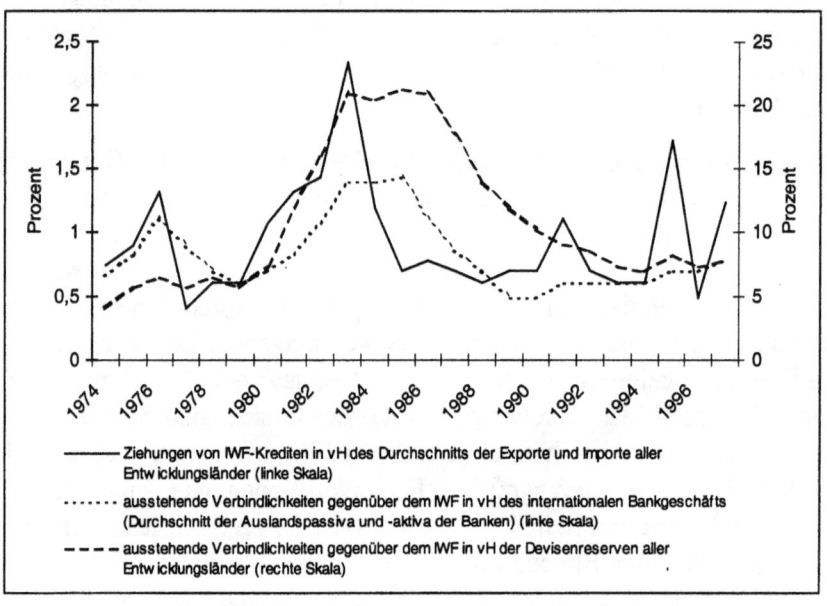

Schaubild 7: Relative Bedeutung der IWF-Kreditvergabe an alle Entwicklungsländer, 1974-1997

Zur Beurteilung der Kritik zu umfangreicher Beistandskredite muß erneut die oben aufgeführte Aufgabe des IWF und deren Begründung berücksichtigt werden. Der IWF sollte für eine Aufrechterhaltung des internationalen Zahlungsverkehrs und Außenhandels sorgen, weil die Erfahrung in der ersten Hälfte des 20. Jahrhunderts gezeigt hat, daß Finanzkrisen zum Zusammenbruch des gesamten Finanzsystems führen können. Hieraus folgt zunächst, daß das Entstehen von Moral Hazard noch kein hinreichendes Argument ist, auf IWF-Beistandskredite gänzlich zu verzichten. Vielmehr ist Moral Hazard immer gegen die Konsequenzen eines Systemzusammenbruchs, der dann auch kaum auf ein einziges Land begrenzt werden kann, abzuwägen. Insofern ist der IWF nicht abzuschaffen, nur weil es Moral Hazard gibt. Immerhin empfiehlt wohl keiner die Abschaffung von nationalen Zentralbanken, nur weil sie durch ihre Kreditfazilitäten Moral Hazard für die Kreditinstitute schaffen, und Regierungen verbieten auch nicht den Sicherheitsgurt, obwohl manche Leute möglicherweise denken, aufgrund des Sicherheitsgurtes schneller fahren zu können.

Ob der IWF überhaupt in signifikantem Ausmaß zum rücksichtslosen Ausnutzen seiner Rettungszusage verleitet, ist umstritten. So zeigt z.B. Nunnenkamp (1999), daß die IWF-Kredite in längerfristiger Betrachtung trendmäßig keineswegs an Bedeutung gewonnen haben. Er zeigt, daß die Ziehungen von IWF-Krediten 1996/97 relativ zum Außenhandel der Entwicklungs- und Schwellenländer nicht höher waren als Mitte der siebziger Jahre (Schaubild 7). Außerdem erscheint die IWF-Kreditvergabe an die Entwicklungs- und Schwellenländer als zu gering, um schwerwiegendes Moral Hazard auszulösen (Tabelle 6).

Tabelle 6: Relative Bedeutung der IWF-Kreditvergabe an alle Entwicklungsländer (vH)

	Ziehungen von IWF-Krediten, 1995-1997 (jahresdurchschnittlich)	Ausstehende Verbindlichkeiten gegenüber dem IWF, 1997
BIP aller Entwicklungsländer,[a] 1997	0,3	1,1
Außenhandel aller Entwicklungsländer,[b] 1997	1,0	3,5
Ausstehende Auslandsschulden aller Entwicklungsländer,[a] 1997	-	3,3
Kapitalverkehrsbilanz (Verbindlichkeiten) aller Entwicklungsländer,[c] 1997	5,0	-
Devisenreserven aller Entwicklungsländer,[d] 1997	2,0	7,8
Internationales Bankgeschäft,[e] 1996	0,2	0,8
Ausstehende Forderungen der BIZ-Berichtsbanken gegenüber Entwicklungs- und Transformationsländern, Ende 1997	2,2	7,9

[a] Einige Entwicklungsländer nach IWF-Definition werden von der Weltbank als solche nicht berücksichtigt. Die Kennzahlen überschätzen also die relative Bedeutung der IWF-Finanzierung, weil die Angaben zum BIP und zu den Auslandsschulden von der Weltbank stammen.
[b] Durchschnitt der Exporte und Importe
[c] Financial account liabilities
[d] Ausschließlich Goldreserven
[e] Schätzung der Deutschen Bundesbank

Quelle: Nunnenkamp (1999)

Die Ziehungen betrugen selbst im Zeitraum 1995-1997, als es zu umfangreichen Krediten des IWF an Mexiko, Rußland und die asiatischen Krisenländer kam, nur 0,3% des Bruttoinlandsprodukts. Nunnenkamp zeigt auch, daß es keine signifikanten Korrelationen zwischen Ziehungen pro Kopf und Bevölkerung oder Bruttoinlandsprodukt gibt, so daß auch die Hypothese, der IWF begünstige vor allem die bedeutenden Entwicklungs- und Schwellenländer, nicht haltbar erscheint. Die Untersuchung findet auch keinen Beleg dafür, daß die IWF-Kreditvergabe in den jeweiligen Ländern eine unsolide Wirtschaftspolitik induziert. Schließlich findet Nunnenkamp auch keinen empirischen Beleg dafür, daß Moral Hazard in jüngerer Vergangenheit hauptsächlich auf Seiten der Auslandsinvestoren aufgetreten ist. Hieraus lassen sich zwei Ergebnisse ableiten. Erstens ist der Eindruck falsch, daß der IWF generell und dauerhaft Moral Hazard verursacht habe. Zweitens ist nicht auszuschließen, daß in Einzelfällen internationale Geschäftsbanken auf ein "bailing out" des IWF vertrauten. Gleichwohl bedeutet dies nicht, daß der IWF eine prinzipielle Verzerrung des Bankenverhaltens induziert hat.

Im Falle der asiatischen Krisen kann sicherlich auch nicht argumentiert werden, daß die Privaten aufgrund der Interventionen des IWF keine finanziellen Nachteile erlitten hätten. Zahlreiche internationale Anleger (private und institutionelle) mußten hohe Vermögensverluste hinnehmen. Der IWF (1999c) geht davon aus, daß private Investoren, Banken und Anleihebesitzer etwa 350 Mrd. Dollar in den drei asiatischen Ländern, die im Zuge der Asienkrise ein IWF-Programm hatten (Thailand, Korea und Indonesien), verloren. Gleichwohl könnte man argumentieren, daß die Verluste des privaten Sektors ohne IWF noch höher ausgefallen wären.

Allerdings muß bei der Beurteilung des hier diskutierten Kritikpunktes eingeräumt werden, daß das Engagement des IWF durch die Krisen in einigen Ländern volumenmäßig deutlich angestiegen ist. Auch kann die Überzeugung, daß in Krisensituationen schnell gehandelt werden muß, leicht zur Entwicklung von kurzfristigen Lösungen führen, die sich z.B. in neuen Fazilitäten niederschlagen, längerfristig aber eher negative Wirkungen in Form von Moral Hazard haben.

Eine Abschaffung des IWF erscheint aufgrund der voranstehenden Argumente nicht gerechtfertigt. Selbst wenn es keinen IWF mehr gäbe, würden weitreichende Fehler in der Wirtschaftspolitik von Entwicklungs- und Schwellenländern auftreten, und die Privaten würden auch weiterhin Risiken nicht immer richtig einschätzen. Dagegen würden voraussichtlich manche Länder ohne die Konsultationen des IWF wirtschaftspolitische

Maßnahmen ergreifen, die zu einer Verschärfung von Fehlentwicklungen beitragen.

4.4 Die stärkere Einbindung des privaten Sektors

Eng verbunden mit der im voranstehenden Abschnitt vorgetragenen Kritik von zu umfangreichen Rettungsaktionen des IWF ist die Forderung, die privaten Auslandsinvestoren stärker sowohl in die Krisenprävention als auch die Krisenüberwindung einzubeziehen. Befürworter eines stärkeren Einbeziehens des Privatsektors argumentieren, Regierungsstellen und internationale Organisationen hätten den Anlegern während der zurückliegenden Währungs- und Finanzkrisen die Risiken ihrer Anlagen weitgehend abgenommen. Innerhalb des Privatsektors hätten ausschließlich die Banken, nicht aber z.B. die Anleihebesitzer außerhalb des Bankensektors, Teile der Kosten der Rettungsaktionen tragen müssen. Die privaten Auslandsinvestoren hätten sich fast regelmäßig von ihren Risiken trennen können. In der Mexiko-Krise 1994/95, in Thailand, Indonesien und Korea 1997, in Rußland 1998 sowie in Brasilien 1999 wurden in der Tat Finanzhilfen dazu benutzt, private Kapitalexporte zu finanzieren. In allen Fällen kann angenommen werden, daß der Druck kurzfristiger Kapitalabflüsse ohne die Finanzhilfen leicht zum Zusammenbruch des Finanz- und Währungssystems hätte führen können.

Wenn die in den zurückliegenden Krisen gewährte Finanzhilfe von den Anlegern generell antizipiert wird, führt dies dazu, daß sie das Risiko ihrer Anlagen in den Schuldnerländern zu gering ansetzen. Versuchen die privaten Auslandsinvestoren außerdem, im Zuge einer Währungskrise panikartig ihre Anlagen in dem jeweiligen Land aufzulösen, wird hierdurch das Volumen der erforderlichen Finanzhilfen noch vergrößert. Insofern zielt eine stärkere Einbindung des Privatsektors auf eine Verminderung sowohl des Moral Hazard als auch des "rush for the exit" ab.

Aus Sicht der Schuldnerländer könnte man zunächst fragen, warum sie im Falle von Währungs- und Finanzkrisen unbedingt ihre Zahlungsverpflichtungen erfüllen wollen. Immerhin besteht theoretisch die Möglichkeit, anstelle einer Inanspruchnahme von umfangreichen und an wirtschaftspolitische Auflagen gebundenen Finanzhilfen die Zahlungsunfähigkeit des Staates zu erklären (Schuldenmoratorium). Es läßt sich in der Tat beobachten, daß Schuldnerländer diesen Weg unter allen Umständen zu vermeiden versuchen. Im wesentlichen sind es drei Gründe, die dieses Verhalten erklären. Erstens fürchten Schuldnerländer im Falle eines Moratoriums um ihre Glaubwürdigkeit und ihre Reputation. Gehen potentielle Gläubiger bei einem auch nur zeitweise erklärten Moratorium davon aus, daß für das betreffende Land ein erneutes Moratorium für die Zukunft nicht ausgeschlossen werden kann, werden sie bei ihrem Konditionenangebot zukünftig eine höhere Risikoprämie ansetzen. Damit entstehen dem Schuldnerland unmittelbar Kosten für ein Moratorium. Zweitens befürchten die Schuldnerländer, daß sie infolge eingestellter Schuldendienstzahlungen möglicherweise überhaupt keinen Zugang mehr zum Kapitalmarkt haben. Sie erwarten in aller Regel, daß dies dann ein längerfristiger Effekt sein wird. Drittens kann davon ausgegangen werden, daß ein Moratorium auch negative Effekte auf das Vertrauen in den Finanzsektor des betreffenden Landes hat. In diesem Falle bestünde die Gefahr, daß ausländischen Investoren ihre in diesem Sektor gehaltenen Anlagen auflösen, sobald es ihnen möglich ist.

Angesichts der Tatsache, daß die Insolvenz des Staates für die meisten Länder keine wirtschaftspolitische Alternative darstellt, stellt sich die Frage nach den geeigneten Maßnahmen für die Einbeziehung des Privatsektors. Über die konkreten Maßnahmen zur stärkeren Einbindung des Privatsektors besteht allerdings noch weitgehend Uneinigkeit. Es erscheint zunächst bemerkenswert, daß die Gruppe der zehn führenden Industrienationen bereits nach der Mexikokrise ein stärkeres Einbeziehen (sogenanntes "bailing in") der Privaten forderte, obwohl umstritten ist, ob die Privaten bisher tatsächlich unangemessen an den Kosten der Krisen beteiligt wurden. Unstrittig ist, daß weder Schuldnerländer noch ihre Gläubiger durch große multinationale öffentliche Ausleihungen vor nachteiligen finanziellen Folgen von Währungs- und Bankenkrisen bewahrt werden sollten. Der Einbezug des Privatsektors müßte allerdings von vornherein vereinbart werden.

Wie der Privatsektor in die Krisenprävention und die Krisenbewältigung einbezogen werden kann, ist Gegenstand zahlreicher Diskussionen. Vorschläge hierzu wurden sowohl vom IWF, als auch von privaten Organisationen und von der Wissenschaft gemacht. Eine Studie des IWF (1999c) löste 1999 eine relativ breite Diskussion auch innerhalb von Regierungsvertretern der Industrieländer aus, woraus sich allerdings bisher keine endgültigen Beschlüsse ergaben.

Grundsätzlich lassen sich die Vorschläge zur stärkeren Einbeziehung des Privatsektors in zwei Gruppen unterteilen. Eine erste Gruppe von Vorschlägen versucht, den Privatsektor so einzubeziehen, daß sich die Wahrscheinlichkeit von Krisen verringert. Eine zweite Gruppe von Vorschlägen zielt auf die Kostenbeteiligung privater Auslandsinvestoren bei der Krisenbewältigung ab. Insofern lassen sich die Ansatzpunkte in solche der Krisenvermeidung und der Krisenbewältigung unterscheiden.

Die konkreten Vorschläge zur Krisenvermeidung setzen praktisch ausnahmslos an den Kapitalanlagen der ausländischen privaten Investoren und die hiervon ausgehenden Wirkungen auf die Verschuldung der Entwicklungs- und Schwellenländer an. Die Vorschläge streben kein stärkeres "bail-in" des Privatsektors an, sondern sollen bewirken, daß es erst gar nicht so leicht zu Krisen durch die privaten Kapitalbewegungen kommt. Folgende Vorschläge wurden gemacht:

- Verringerung von Anreizen für kurzfristige Anlagen in den Entwicklungs- und den Schwellenländern (insbesondere im Interbankenmarkt), um Zahlungsbilanzprobleme durch eine bei diesen Anlagen relativ abrupt mögliche Umkehr der Kapitalbewegungen zu vermeiden. Die Anreize für kurzfristige Anlagen nehmen ab, wenn die Kosten für kurzfristige Einlagen ansteigen. Man könnte an höhere Kapitaldeckungserfordernisse oder an höhere Mindestreserven denken. Nur zum Teil werden in diesem Zusammenhang weitergehende Eingriffe in den Kapitalverkehr angedacht (sie sind bereits in Abschnitt 4.2 diskutiert).

- Regelmäßige Überprüfung der Schuldenstruktur gegenüber dem privaten Sektor durch den IWF.

- Erhöhung der Transparenz hinsichtlich der Verschuldungsstruktur von Anlageländern.

- Herstellen einer angemessenen Kommunikation zwischen den jeweiligen Anlageländern und den verschiedenen privaten Investoren.

Der größte Teil der Diskussion um eine stärkere Einbeziehung des privaten Sektors konzentriert sich auf Vorschläge zu dessen verstärkter Beteiligung bei der Krisenbewältigung. Konkret umfassen die wichtigsten Vorschläge die folgenden Ansatzpunkte:

- Einsatz von Kreditlinien, die ein Land zuvor mit ausländischen Geschäftsbanken vereinbart hatte.

- Ausüben von zuvor mit ausländischen Geschäftsbanken in Kreditverträgen vereinbarten Optionen der Schuldner, die Laufzeiten auslaufender Kredite zu verlängern.

- Einsatz von zuvor mit Geschäftsbanken vereinbarten konzertierten Kreditverlängerungen bzw. konzertierte Rollover-Vereinbarungen ("concerted rollover") für kurzfristige Anlagen.
- Verwendung von Bondsverträgen, die eine Einbeziehung von Anleihegläubigern in Umschuldungen ermöglicht.
- Einsatz von Krisensicherungsfonds (es bestehen verschiedene Vorschläge zu ihrer Konstruktion).

Sieht man vom Vorschlag der besseren Transparenz, der besseren Kommunikation sowie der besseren Überwachung der Schuldenstruktur durch den IWF als Mittel zur Krisenvermeidung ab, ist keiner der aufgeführten Vorschläge ohne Probleme, wodurch sich auch erklärt, daß die Implementierung von Vorschlägen zur stärkeren Einbeziehung der privaten Anleger äußerst schwierig erscheint. Einige der Probleme, die diese Vorschläge mit sich bringen, seien hier kurz erläutert.

Ein zentrales Problem besteht darin, die privaten Gläubiger zu einem anderen Verhalten als in der Vergangenheit zu bewegen. Diese Änderung, bspw. indem andere Kreditverträge mit einer Option für den Schuldner zur Laufzeitenverlängerung geschlossen oder Bonds mit Einbezug der Gläubiger in Umschuldungsabkommen emittiert werden, wollen sich die Privaten bezahlen lassen, so daß sich tendenziell die Kosten für die Schuldnerländer erhöhen. Dem ist zu entgegnen, daß hier eine negative Externalität kompensiert werden soll, d.h. die Kosten jetzt – so jedenfalls die Zielsetzung – verursachungsgerechter angelastet werden. Als weiteres Argument ist zu nennen, daß das Bemühen um ex ante angemessene Konditionen möglicherweise dazu beiträgt, Übersteigerungen von vornherein zu verhindern und sich somit ein kostensenkender Effekt ergeben kann.

Die Erhöhung von Kosten für kurzfristige Kapitalimporte erscheint demnach auf den ersten Blick folgerichtig, wenn man bedenkt, daß gerade die kurzfristigen Kapitalzuflüsse in die asiatischen Länder bei deren Auflösung letztlich zum Krisenauslöser und Krisenverstärker wurden. Allerdings ist hierbei zu bedenken, daß ein Land mitunter auf kurzfristige Kredite der internationalen Finanzmärkte zurückgreifen muß. Insofern muß das betreffende Land einen Preis für eine stärkere Absicherung gegenüber den kurzfristigen Kapitalzuflüssen zahlen. Dies macht es erforderlich, für den Einzelfall zuvor die Kosten gegen die Nutzen dieser Maßnahme abzuwägen. Darüber hinaus ist es manchmal schwierig, kurzfristige Anlagen als solche zu identifizieren. Kann eine als langfristig geltende Anlage z.B. aufgrund von Vereinbarungen mit den inländischen Banken kurzfristig aufgelöst werden, wirkt sie im Krisenfall genau wie eine fällig werdende kurzfristige Anlage.

Konzertierte Rollover-Vereinbarungen sind ebenfalls nicht unproblematisch. So könnten solche Vereinbarungen schnell zum Krisenauslöser werden, wenn Gläubiger aus Furcht vor der Inanspruchnahme solcher Möglichkeiten der Kreditverlängerung durch ein Schuldnerland jeweils frühzeitig versuchen, Anlagen in diesem Land aufzulösen. Dies könnte zu einer übersensiblen Reaktion auf ökonomische Veränderungen führen und panikartige Kapitalexporte induzieren, die ohne die Angst des plötzlichen "Gefangenseins" nicht auftreten würden. Außerdem ist damit zu rechnen, daß sich die Gläubigerbanken die aus ihrer Sicht ein Risiko darstellende Rollover-Vereinbarung durch einen Zinsaufschlag bezahlen lassen, so daß die Kreditkosten ansteigen. Rational würde sich ein Kostenanstieg nur dann nicht begründen lassen, wenn die Anlagen hundertprozentige Sicherheit implizieren. Genau dann aber würde man eine solche Absicherung gar nicht erst in Erwägung ziehen.

Kreditlinien, die zuvor mit Geschäftsbanken abgeschlossen wurden, sind für diese mit einem besonderen Risiko behaftet. Nimmt ein Land diese in Anspruch, muß die Bank einen Kredit gerade dann vergeben, wenn das Land praktisch zahlungsunfähig ist. Eine Bank wird sich auf solche Vereinbarungen nur einlassen, wenn sie hierfür mit einem entsprechenden Gegenwert rechnen kann. Es ist nicht auszuschließen, daß dies die Stellung besonderer Sicherheiten voraussetzt. In jedem Falle mag es nicht verwunderlich sein, wenn hierfür vergleichsweise hohe Kosten entstehen.

Die im Zusammenhang mit einem stärkeren Einbezug des Privatsektors am häufigsten diskutierte Einzelmaßnahme stellt die Veränderungen von Bondsverträgen dar, die zu einem Einbezug von Anleihegläubigern in Umschuldungsvereinbarungen führen. Bislang wurden selbst in Fällen, in denen die privaten Banken durch Umschuldungen auf einen Teil ihrer Forderungen verzichtet haben, alle Anlagegläubiger von solchen Regelungen ausgenommen. Auf Basis der geltenden Verträge zu internationalen Anleihen hätte der Einbezug von Anleihen in die Umschuldungsvereinbarungen ohne vorherige einstimmige Zustimmung der Anleihegläubiger zu einer Flut von Rechtsstreitigkeiten mit den Anleihebesitzern geführt. Daher überstanden Anleihegläubiger praktisch als einzige Gläubigergruppe auftretende Währungskrisen ohne letztliche Vermögensverluste. Ein Einbeziehen internationaler Anleihegläubiger könnte eine Schuldendiensterleichterung über die Vereinbarungen hinaus erzielen, die ein Schuldnerland mit internationalen Banken im Rahmen des London Club und mit Regierungsstellen im Rahmen des Paris Club vereinbart hat. Gelänge dies, könnten die Anpassungslasten gleichmäßiger über die Anleger im Ausland verteilt werden.

Ein Heranziehen von Anleihegläubigern in Umschuldungsvereinbarungen setzt die Einführung von Kollektivklauseln in Anleiheverträge voraus, wie es sie bisher nicht gab. Hierbei handelt es sich um die Einführung von Entscheidungen der Gläubiger auf Basis von qualifizierten Mehrheiten anstatt der Zustimmung aller Anleihegläubiger. Die Einführung von Kollektivklauseln kann allerdings nur für neu aufgelegte Anleihen vorgenommen werden. Aber selbst bei neu emittierten Anleihen wäre diese Veränderung in Vertragsmodalitäten nicht unproblematisch. Es ist nämlich wiederum davon auszugehen, daß der Einbezug von Kollektivklauseln dazu führt, daß die Gläubiger eine höhere Risikoprämie verlangen, was sich in der Forderung nach einem höheren Zinssatz niederschlägt. In dem Maße, in dem es den Gläubigern gelingt, diese Forderung durchzusetzen, steigen die Kreditkosten für das Schuldnerland. Allerdings wäre die Einführung von Kollektivklauseln weniger dramatisch, wenn bereits die Industrieländer für ihre Anleihen solche Klauseln verwenden würden. Wird dies zum Standard, können sich einzelne Schwellenländer nicht mehr mit dem Hinweis auf spezifische negative Folgen für sie dagegen wehren. Außerdem könnte man argumentieren, daß eine höhere Risikoprämie auf Bonds bei perfekten Kapitalmärkten zu einer geringeren Risikoprämie bei anderen Schulden des jeweiligen Landes führen müßte, da das Ausfallrisiko nunmehr auf mehr Gläubiger als zuvor verteilt wird.

Im Zusammenhang mit dem "bailing in" des Privatsektors gibt es verschiedene Vorschläge, durch Sicherungsfonds liquide Mittel bereitzustellen, die im Krisenfalle eingesetzt werden. So schlägt Soros (1998) eine öffentliche Kreditversicherungsagentur vor, in die Länder für internationale Kredite eine Gebühr einzahlen, wodurch die internationale Verschuldung einzelner Länder bis zu einer vom IWF zu bestimmenden Obergrenze versichert sind. Nunnenkamp (1999) empfiehlt die Verpflichtung privater Auslandsinvestoren, für Länder mit erhöhtem Ausfallrisiko Krisenfonds einzurichten, in die die Investoren entsprechende Einlagen zahlen und die privatwirtschaftlich durch Gläubigerausschüsse zu gestalten und zu verwalten wären. Aus den Fonds würden dann im Krisenfall Finanzpakete für die Krisenländer finanziert, sofern der IWF die finanzielle Rettungsaktion als sinnvoll ansieht. Die Fonds könnten aber auch die finanzielle Beteiligung an den IWF-Programmen verweigern. In diesem Falle würde der IWF den betroffenen Ländern gestatten, die Schuldendienstleistungen an die privaten Gläubiger auszusetzen.

4.4 Die stärkere Einbindung des privaten Sektors

Zwar tragen die vorgeschlagenen Fonds dem Versicherungsgedanken Rechnung und werden von denjenigen finanziert, die im Bedarfsfalle auch in den Vorteil der Absicherung kommen, doch werden hiermit gleichzeitig eine Reihe anderer Probleme geschaffen. So würde die Verweigerung zur Unterstützung eines krisenbedrohten Landes - wie im Falle des "international lender of last resort" - gerade eine Krise auslösen oder aber verstärken. Gleichzeitig könnte eine Veränderung der Beiträge für ein bestimmtes Schuldnerland ebenfalls zum Krisenauslöser werden. Möglicherweise könnten sich auch zusätzliche Koordinierungsprobleme zwischen einer dann größeren Zahl von Institutionen des Krisenmanagements ergeben. Darüber hinaus müßten letztlich die Schuldnerländer die Last der Fondsaktivitäten tragen, so daß das Institute of International Finance (1999) sogar befürchtet, daß Regelungen vor Ausbruch einer Krise den Zugang der Entwicklungs- und Schwellenländer zum internationalen Kapitalmarkt deutlich erschweren würden. Unklar ist auch, wie hoch die Beiträge in die Fonds sein müßten, um eine wirksame Krisenbekämpfung zu gewährleisten.

Alternativ zu dem bisherigen Vorschlag könnte dem IWF erlaubt werden, Kredite an bestimmte Länder auch dann zu vergeben, wenn diese im Zahlungsverzug gegenüber ausländischen Gläubigern stehen. Dies praktizierte der IWF bereits in den 80er Jahren in Lateinamerika. Allerdings ist auch eine solche Strategie nicht ungefährlich. Gläubiger könnten z.B. die Regierung des Schuldnerlandes verklagen, Teile von erhaltenen Devisenkrediten an sie abzutreten.

In der Diskussion um ein stärkeres Einbeziehen des Privatsektors werden auch grundsätzliche Argumente gegen eine solche Strategie vorgetragen. Sie gründen teilweise auf den bisherigen Erfahrungen mit Krisenbewältigung. Im Zuge der Verschuldungskrise in Lateinamerika in den 80er Jahren wurde den Banken eine kostspielige Umschuldung aufgezwungen. Daraufhin zogen sie sich weitgehend aus der Region zurück. Das damit verbundene Ausbleiben von Kapitalzuflüssen führte für ein ganzes Jahrzehnt dazu, daß die Entwicklungsmöglichkeiten der lateinamerikanischen Länder nicht voll ausgeschöpft werden konnten. Daraus leiten vor allem die Schwellenländer die Befürchtung ab, durch ein Einbeziehen des Privatsektors den Zugang zum privaten Kapitalmarkt zu verlieren. Aus ihrer Sicht ist es fraglich, ob ein "bailing in" des Privatsektors so gestaltet werden kann, daß es nicht zu dauerhaften Nachteilen für sie kommt. Als Mindestkonsequenz befürchten sie, wie schon mehrfach erwähnt, höhere Kapitalkosten. Insofern wundert es nicht, daß die Schuldnerländer selbst einem Einbezug des Privatsektors äußerst kritisch gegenüberstehen.

Eine weitere Erfahrung, die ihre Skepsis bezüglich eines "bailing in" unterstützt, sehen die Schuldnerländer in der Bewältigung der Mexiko-Krise 1994/95. Damals wurden insbesondere die Anleihebesitzer von jeder Einbuße verschont. Schon nach relativ kurzer Zeit erhielt Mexiko wieder den Zugang zum internationalen Kapitalmarkt und erzielte dadurch nach einer kurzen Wachstumseinbuße wieder bemerkenswerte Wachstumserfolge. Hätte Mexiko seine Schuldendienstzahlungen an die Anleihegläubiger im Zuge der Krise eingestellt, wäre die Kreditaufnahme an den internationalen Kapitalmärkten voraussichtlich längerfristig nicht mehr möglich gewesen.

Der Kritik an einem stärkeren "bailing in" des Privatsektors steht das Problem des Moral Hazard gegenüber. Wenn der Privatsektor keine Risiken trägt, treten Verzerrungen sowohl bezüglich der Höhe als auch der Verwendung der Kapitalzuflüsse in die Schuldnerländer auf. Zukünftige Krisen sind dann sogar wahrscheinlicher.

In der Diskussion um die Beteiligung des Privatsektors an der Krisenbewältigung darf allerdings nicht der Eindruck entstehen, daß der Privatsektor in den vergangenen Krisen keine Kosten übernommen hat. Es wurde bereits darauf hingewiesen, daß die Vermögensverluste ausländischer Anleger in Thailand, Indonesien und Korea zusammen auf 350 Mrd. Dollar geschätzt werden. Außerdem wurden in Thailand ausländische Verbindlichkeiten in einem Umfang von vier Mrd. Dollar in geringverzinste Regierungsanleihen umgewandelt, der Rest der Verbindlichkeiten ist Gegenstand von Konkursverfahren und wird zu erheblichen Verlusten auf Seiten der Gläubiger führen. In Korea wurden kurzfristige Bankkredite in Höhe von 22 Mrd. Dollar in relativ niedrig verzinsliche regierungsgarantierte Anleihen umgewandelt.

4.5 Die Schaffung einer World Financial Authority

Weit über die bisher diskutierten Reformvorschläge hinaus gehend, schlagen Eatwell und Taylor (1999) die Gründung einer "World Financial Authority" (WFA) vor. Die Autoren gehen von der Einschätzung aus, die Liberalisierung des internationalen Kapitalverkehrs habe aufgrund hoher potentieller Kapitalbewegungen zur Instabilität des internationalen Finanzsystems beigetragen. Hierdurch sei das Risiko, daß ein einzelstaatliches Finanzsystem unabhängig von der wirtschaftlichen Entwicklung einzelner Unternehmen und unter bestimmten Umständen auch unabhängig von der Wirtschaftspolitik eines Landes zusammenbreche, gestiegen. Es sei daher Aufgabe der vorgeschlagenen internationalen

Organisation, Politiken für ein besseres Management dieser systemischen Risiken zu entwickeln. Auf die gleiche Stufe gestellt wie die Welthandelsorganisation (WTO), sollte die WFA als eine Aufgabe die Implementierung geeigneter Regulierungsstandards in den einzelnen Ländern sicherstellen. Darüber hinaus sollte diese Organisation jedoch auch zum Forum der internationalen finanziellen Kooperation werden. Diese Kooperation sollte auch die Abstimmung der Geldpolitik der nationalen Zentralbanken umfassen. Wenn die Geld- und Finanzpolitik der einzelnen Länder innerhalb der WFA aufeinander abgestimmt sind, so wäre es auch die Aufgabe der einzelnen Länder, sich gegenseitig bei der Umsetzung der Wirtschaftspolitik zu unterstützen. Schließlich ordnen Eatwell und Taylor der Word Financial Authority auch die Aufgabe zu, die Politik der Weltbank und des IWF zu überwachen. Diese Organisationen wären dann dazu verpflichtet, der WFA gegenüber ihre Politik zu begründen. Die WFA sollte im Gegenzug für einen Regulierungsrahmen sorgen, der es dem IWF erlaubt, die "lender-of-last-resort"-Funktion zu übernehmen. Nur noch jene Länder sollten dann Zugang zu den Finanzhilfen des IWF erhalten, die bereit sind, die von der WFA vorgeschlagene Regulierung ihres Finanzsystems zu übernehmen. Nach den Vorstellungen von Eatwell und Taylor (1999) sollte die World Financial Authority organisatorisch im bereits bestehenden Rahmen der Bank für Internationalen Zahlungsausgleich integriert werden.

Die Problematik der World Financial Authority wird offensichtlich, wenn wir erneut die Implikationen des Vorschlags anhand der impossible trinity bedenken. Letztlich läuft die WFA aufgrund der mit ihr verbundenen engen Kooperation der nationalen Geldpolitiken auf ein hohes Maß an Aufgabe der nationalen geldpolitischen Souveränität hinaus. Gleichzeitig sollen hiermit die Ziele "freier internationaler Kapitalverkehr" und "Wechselkursstabilität" begünstigt werden. Es kann in Frage gestellt werden, ob die einzelnen Länder tatsächlich bereit sind, die Souveränität über ihre Wirtschaftspolitik in dem geforderten Umfang aufzugeben. Dies impliziert, daß sie ihre Wirtschaftspolitik letztlich an den Erfordernissen der internationalen Finanzmarktstabilität ausrichten und die binnenwirtschaftlichen Erfordernisse zurückstellen müßten.

5 Realisierbare umfassende Reformskizzen

Nachdem in den beiden Kapiteln 3 und 4 Vorschläge verbesserter mikroökonomischer respektive makroökonomischer Governance angesprochen und diskutiert worden waren, geht es nun darum, diese einzelnen Aspekte zu umfassenderen Konzepten zu verdichten. In den drei folgenden Abschnitten wird so vorgegangen, daß zuerst (Abschnitt 5.1) einige wesentliche umfassende Reformvorschläge vergleichend gegenübergestellt werden. Daraus lassen sich dann bereits einige immer wiederkehrende und somit konsensfähige Maßnahmen destillieren (Abschnitt 5.2). Im letzten Abschnitt 5.3 werden Überlegungen zu weitergehenden Optionen angestellt.

5.1 Vergleich wesentlicher Reformvorschläge

Eine Schwierigkeit des Vergleichs wesentlicher Reformvorschläge liegt bereits darin begründet, überhaupt umfassende Reformvorschläge zu identifizieren, die sich dann gegenüberstellen ließen. Zwar gibt es eine regelrechte Flut an Vorstellungen und Vorschlägen, die zum großen Teil bei Eichengreen (1999) skizziert sind, doch bleiben diese Ideen meist punktuell. Dies mag daran liegen, daß sie entweder von vornherein nur einen Teilausschnitt der Problemlage adressieren wollen oder daß sie sich möglicherweise auf einen Punkt beschränken, um somit besser wahrgenommen zu werden bzw. bessere Durchsetzungschancen zu haben. Wie dem auch sei, umfassende Reformkonzepte, die dem Anspruch, eine neue "Architektur" entwerfen zu wollen, gerecht würden, gibt es wenige.

Zumindestens vom Anspruch her genügen diesem Ziel fünf Reformkonzepte, die im weiteren Verlauf behandelt werden:

Zeitlich eine Art Vorläufer bildet der Bericht der *Bretton Woods Commission* (1994), der ausdrücklich eine grundlegende Reform der Weltwährungsordnung vor Augen hatte. Aus heutiger Perspektive wirkt dieser Bericht, an dem immerhin der ehemalige Fed-Gouverneur Paul Volcker maßgeblich mitgearbeitet hatte, ein wenig altmodisch. Dies liegt daran, daß dort praktisch nur Themen der makroökonomischen Governance behandelt werden und ausgerechnet Zielzonen – in welcher Variante auch immer – im Vordergrund stehen.

Zwar hatte auch schon die Mexiko-Krise im Jahr 1994/95 zu gewissen Reformüberlegungen Anlaß gegeben, doch eine Flut wurde daraus erst nach der Asienkrise 1997/98. Die wohl umfassendste frühe Bestandsaufnahme stellen in dieser Phase die drei Berichte dar, die im Auftrag der *G22-Gruppe*, d.h. im wesentlichen der Industrieländer, abgefaßt worden waren (siehe G22 1998). Diese setzen den Schwerpunkt im Bereich mikroökonomischer Governance und geben einen Tenor verbesserter Rahmenbedingungen für Finanzmärkte vor, der seitdem dominiert.

Da die G22-Gruppe keinen permanenten und entscheidungsrelevanten Zusammenhang darstellt, sind die dort entwickelten Ideen auch nicht konsequent weiterverfolgt worden. Allerdings baut der relevante Diskussionsprozeß im Rahmen der *G7-Treffen* auf den alten Ideen auf (relativ früh bspw. G7 1998; danach z.B. G7 1999). Hier hat sich allerdings eine Gewichtung der Themen herauskristallisiert, wobei der ursprüngliche Schwerpunkt auf Maßnahmen im Bereich Transparenz und Standardisierung liegt. Daneben ist als zweites Bein einer modifizierten Architektur das Forum für Finanzstabilität gegründet worden, das Regulierungsbemühungen koordinieren soll. Drittens ist auf dem Weltwirtschaftsgipfel im Juni 1999 die Umwandlung des Interimsausschusses des IWF in einen "Währungs- und Finanzausschuß" mit Entscheidungskompetenzen beschlossen worden (der beim IWF institutionell angesiedelt bleibt). Schließlich ist als zusätzliches Thema die Einbindung des Privatsektors "entdeckt" worden. Im Rahmen dieses Prozesses sind inzwischen zahlreiche Dokumente verfaßt worden, unter denen wir uns im Kern auf den Bericht des IWF-Gouverneurs an den Interimsausschuß des IWF (Camdessus 1999; ähnlich IMF 1999a) und auf die Stellungnahme zum Kölner Gipfel stützen (G7 1999a).

Einen Kontrapunkt zu dieser in der öffentlichen Diskussion dominierenden Sichtweise bilden Papiere, die in einem an der New Yorker New School for Social Research koordinierten Forschungsvorhaben verfaßt wurden, und in dem Beitrag von Eatwell und Taylor (1999) synthetisiert worden sind. Im Eatwell/Taylor-Vorschlag werden Systemdefizite internationaler Finanzmärkte in den Vordergrund gestellt, aus denen sich ein ungleich stärkerer Reformdruck ableitet als im G7-Prozeß erkennbar wird. Insbesondere soll die Regulierung der Finanzmärkte auf eine verbindliche internationale Ebene gebracht und die Wirtschaftspolitik stärker koordiniert werden.

Tabelle 7: Reformvorschläge zur Internationalen Finanzarchitektur

Reformbereiche der Internationalen Finanzarchitektur	Bretton Woods Commission 1994	G22-Reports Okt. 1998	G7 – Juni 1999	Eatwell and Taylor (1998)	Eichengreen Feb. 1999
Mikro Governance					
Transparenz, Standards		Mehr Transparenz u. Rechenschaftslegung	(✓) **Schwerpunkt**		Bessere Durchsetzung durch Anreize
Frühwarnsysteme					✓
Vereinheitlichung der Regulierung		Stärkung der Finanzsysteme	Financial Stability Forum		✓
Ausweitung Regulierung			Ausweitung auf "Highly Leveraged Institutions"	✓ Ausweitung auf "Highly Leveraged Institutions"	
Makro Governance					
Zielzonen, Koordinierung			Abstimmung im aufgewerteten Währungs- und Finanzausschuß		
Kapitalverkehrsregulierung					Steuer auf kurzfristige Kreditaufnahme im Ausland ✓
Krisenmanagement IWF	(✓)	✓		✓	✓
Einbindung der Privaten			Erweiterte Krisenfazilität		
Weltfinanzorganisation			(✓)	✓ World Financial Authority	

Schwerpunkt des jeweiligen Reformpakets   ✓ Element des Vorschlages   (✓) Element des Vorschlages mit abgeschwächter Bedeutung

Schließlich entwickelt Eichengreen (1999) in seiner gründlichen Auseinandersetzung mit verschiedenen Reformideen eine eigene Reformperspektive, die allerdings ähnlich wie der G7-Prozeß an den als machbar eingeschätzten Elementen orientiert bleibt. Immerhin enthält der Eichengreen-Vorschlag erheblich weitergehende Maßnahmen als die G7, vor allem auch dadurch, daß er ähnliche Ideen mit konkretem Druck von Seiten des IWF u.ä. verbinden will.

Einen tabellarischen vergleichenden Überblick zu den oben erwähnten fünf Konzepten liefert Tabelle 7. Es wird dadurch unmittelbar deutlich, daß es sowohl Reformschwerpunkte als auch Kontroversen gibt. Am klarsten sind die Unterschiede, wenn ein Feld gar nicht besetzt wird, d.h. dieser Bereich nicht thematisiert wurde. Der wesentlichere Unterschied besteht meist aber in der Intensität mit der ein Reformbereich behandelt wird und mit welchem Nachdruck hier Maßnahmen umgesetzt werden sollen. Größeres Gewicht wird dabei in Tabelle 7 durch Schattierung herausgestellt.

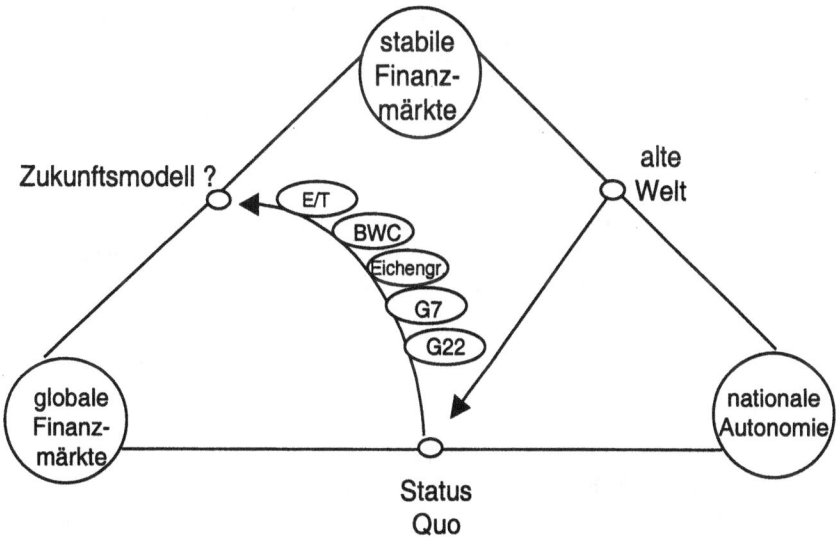

Schaubild 8: Einordnung umfassender Reformvorschläge in das Konzept der impossible trinity

Will man die umfassenden Reformvorschläge unter einem einzigen Gesichtspunkt ordnen, so bietet sich dafür das Konzept der impossible trinity an, das in Kapitel 2 vorgestellt wurde (vgl. Schaubild 8). In diesem Konzept läßt sich die "alte Welt" und der "Status Quo" – sicher ein wenig überpointiert – wie bereits weiter oben geschehen eintragen (vgl. Schaubild 2). Faktisch hat es in den letzten 20 Jahren einen Regimewechsel gegeben, der das Ziel der Stabilität von Finanzmärkten aus der Sicht der aktuellen Diskussion zu stark vernachlässigt. Insofern bewegen sich alle Vorschläge vom Status Quo aus gesehen in Richtung des Stabilitätsziels - im Schaubild 8: nach oben. Der wesentliche Unterschied liegt in der Radikalität, mit der eine Art Idealzustand angestrebt wird. In dieser Hinsicht kann man die Vorschläge recht einfach ordnen:

- Die geringste Abweichung vom Status Quo schlagen die *G22-Berichte* vor, da sie im Kern keine Sanktionen vorsehen, was möglicherweise nicht der Auffassung der Autoren entspricht, sondern eher den Auftrag reflektiert.

- In diesem Sinne geht der G7-Prozeß zwar inhaltlich nicht so weit, doch nun spielt die politische Umsetzbarkeit eine zentrale Rolle. Da dies auch stark von der Aufgabe nationaler Souveränität abhängt, mag es nicht überraschen, daß der kleinste gemeinsame Nenner recht nahe am Ausgangspunkt liegt.

- Der wesentliche Unterschied zwischen dem Eichengreen-Vorschlag und dem G7-Prozeß besteht darin, daß Eichengreen eine ähnliche Denkrichtung mit erheblich größerer Konsequenz verfolgt, und dies führt dann folgerichtig auch zu einer Festlegung auf eventuelle Druckmittel, um etwas zu bewegen.

- Vom Denkansatz her war die Bereitschaft der Bretton Woods Commission, nationalstaatliche Souveränität hintenan zu stellen, noch größer. Anders als Eichengreen, der ausgehend von einzelstaatlichen Interessen praktisch zwingend auf freiwillige Kooperation setzt, steht bei der Bretton Woods Commission eine Einsicht in die Notwendigkeit internationaler Kooperation im Vordergrund, die dann zur entsprechenden Institutionalisierung führt.

- Am weitesten in Richtung internationaler Integration gehen unter den hier betrachteten Konzepten Eatwell und Taylor, die vorschlagen, das Zurückbleiben der internationalen Finanzmarktregulierung und verbindlichen Währungskooperation durch Gründung einer World Financial Authority nachzuholen. Dies impliziert die Aufgabe wesentlicher Elemente nationaler Souveränität.

Im Sinne des Analyserahmens der impossible trinity repräsentieren die vorgestellten Reformkonzepte alternative Gewichtungen der drei (partiell) konkurrierenden Ziele. Verläßt man diese allgemeine Ebene und wendet sich einzelnen Maßnahmen zu, so zeigt die Analyse in begrenztem Umfang Konsens über die relative Vorzugswürdigkeit.

5.2 Konsensfähige Einschätzungen in den einzelnen Reformbereichen

Die jüngeren Krisen an Finanzmärkten haben ein Defizit an ordnungspolitischen Rahmenbedingungen aufgedeckt, das man sich Anfang der 90er Jahre in diesem Ausmaß nicht klar gemacht hatte. Insofern verwundert es nicht, daß der BWC-Vorschlag die Ebene der Mikro-Governance weitgehend vernachlässigt. Auf der anderen Seite ist damit auch konsensfähig geworden, daß in diesem Bereich etwas geschehen muß. Dies gilt bestenfalls deutlich abgeschwächt für den Bereich der Makro-Governance.

In diesem Sinne entsprechen die Ideen zu verbesserter *Transparenz* und verbesserten Standards dem Bemühen, grundlegende Funktionsbedingungen für internationale Finanzmärkte zu realisieren. Der Streit geht dann "nur" noch darum, mit welchen Sanktionen dies eventuell verbunden werden sollte. Die Skala reicht von vollkommener Freiwilligkeit über eine Konditionalisierung bei IWF-Maßnahmen bis hin zu der Idee, eine Verbindung zur Risikoanrechnung in der Finanzmarktregulierung vorzunehmen.

In ähnlicher Klarheit hat die Diskussion gezeigt, daß die anfänglichen Hoffnungen auf eine wohlfahrtssteigernde Wirkung von *Frühwarnsystemen* weit überzogen waren. Zwar tauchen diese bis heute in der G7-Diskussion auf, doch ihre Prominenz hat nachgelassen.

Ebenfalls konsensfähig scheint zu sein, daß im Bereich der *Regulierung* von Finanzinstitutionen Nachholbedarf entstanden ist. Dessen Ausmaß jedoch wird unterschiedlich eingeschätzt. In der Praxis bemühen sich verschiedene Ausschüsse sowohl um internationale Vereinheitlichung als auch um Ausweitung auf andere Finanzinstitutionen, insbesondere die "highly leveraged institutions" (HLIs), und um inhaltliche Verbesserung.

Inhaltlich umstritten sind die Ideen zur Implementierung von *Zielzonen* bzw. allgemeiner der Rolle internationaler makroökonomischer Koordinierung. Aus Sicht der theoretischen Analyse scheint nicht sicher, daß den Verantwortlichen klar genug ist, welchen Handlungsspielraum sie aufgeben müßten, um eine überzeugende Koordinierung zu bewerkstelligen. Aus politökonomischer Sicht ist zudem zweifelhaft, daß sie dazu bereit sind.

Das vielleicht umstrittenste Thema – mit eindeutig antagonistischen Positionen – sind *Kapitalverkehrsregulierungen*. Obwohl selbst der IWF in offiziellen Publikationen Zweifel an der Leistungsfähigkeit internationaler Finanzmärkte äußert und sich in offiziellen Stellungnahmen zahlreiche Hinweise auf nicht-fundamentale Ansteckung zwischen den Volkswirtschaften finden, sind Kapitalverkehrskontrollen in der "offiziösen" Debatte nahezu ein Tabu. Um so beliebter sind sie in anderen Diskussionszusammenhängen, die den Finanzmärkten in ökonomischer Hinsicht generell weniger zutrauen. Der Konsens reicht hier also nur bis zu einem gewissen Unbehagen und vagen Stellungnahmen, etwa der Art, daß u.U. gewisse Regulierungen ausnahmsweise und temporär angemessen sein könnten.

Strittig ist auch die als erwünscht angesehene Rolle des *IWF*. Auf der einen Seite gibt es keine andere internationale Organisation, die derzeit überhaupt annähernd so funktionsfähig wie der IWF in Fragen internationaler Finanzmärkte agieren könnte. Auf der anderen Seite gibt es deutliches Unbehagen daran, dem IWF zu viele Aufgaben anzudienen: Aus akademischer Sicht liegt dies an den begrenzten institutionellen Kapazitäten dieser Einrichtung. Aus politökonomischer Sicht gibt es zum einen generelles Unbehagen gegenüber dem IWF auf Seiten von Entwicklungsländern und zum anderen Unzufriedenheit primär europäischer Staaten gegenüber dem US-Einfluß bzw. der damit einhergehenden "Marktgläubigkeit". Obwohl also der IWF in praktisch allen Vorschlägen "mehr machen" soll, bedeutet dies doch keine inhaltliche Übereinstimmung. Der "Konsens" rührt eher daher, daß es kaum arbeitsfähige und sanktionsfähige Alternativen zu dieser Institution gibt.

Größere Einigkeit gibt es schließlich hinsichtlich der Einbeziehung des Privatsektors, die auf zweierlei abzielt: Erstens sollen die Moral Hazard-Anreize für private Akteure, die durch staatliche Rettungsmaßnahmen entstehen, reduziert werden, indem Private stärker an den Kosten beteiligt werden. Zweitens soll der Prozeß einer möglicherweise notwendigen Entschuldung von Volkswirtschaften beschleunigt werden. Es ist leicht vorstellbar, daß in diesem Feld die "Front" weniger zwischen Staaten oder Akademikern verläuft, sondern in erster Linie zwischen Staaten und dem Privatsektor. Der Konsens scheint immerhin so weit zu reichen, daß "eigentlich" gewisse Reformen notwendig seien. Ganz offensichtlich keinerlei Konsens besteht hinsichtlich der Wünschbarkeit einer machtvollen Weltfinanzorganisation.

Vergleicht man diese knappe Einschätzung zum bestehenden Konsens mit den tatsächlichen Schritten des G7-Prozesses, so ergibt sich – nicht überraschend – eine hohe Übereinstimmung. Was auf den ersten Blick vielleicht ermutigend klingen mag, da ja deutlicher Konsens festgestellt wurde, relativiert sich aber erheblich, wenn man die Verbindlichkeit dieses Konsenses berücksichtigt

Reformbereich	Handlungs- bedarf aner- kennen	Gesprä- che institu- tionali- sieren	Explizite Ziel- Mittel- Vorga- ben	Weiche Sank- tionie- rung	Unbe- dingte Sanktio- nierung
Transparenz, Standards	████████████████████				
Frühwarnsysteme	████████				
Vereinheitlichung Regulierung	████████████				
Ausweitung Regulierung	████████████				
Verbesserung Regulierung	████████████				
Zielzonen, Koordinierung	████████				
Kapitalverkehrs- kontrollen	████████				
Krisenmanage- ment, IWF	████████████████████				
Einbeziehung d. Privatsektors	████████				
Weltfinanz- organisation	┈┈┈┈				

Schaubild 9: Zur Verbindlichkeit des konsensfähigen Reformbedarfs

Läßt man bspw. sechs Stufen an Verbindlichkeit zu, die von Gesprächen (Anerkennung von Bedarf, institutionalisierte Gespräche) über eine gewisse Instrumentalisierung (Vorgaben, weiche Sanktionierung durch öffentliche "Bloßstellung") bis zu harter Sanktionierung reicht, dann zeigt Schaubild 11 den ernüchternden Status Quo auf: Es wird noch viel diskutiert, aber es ist nicht klar, inwieweit es tatsächlich zu substantiellen Reformen kommt.

5.3 Überlegungen zu weitergehenden Optionen

Es würde hier zu weit gehen, die Elemente der umfassenden Reformvorschläge, die über den im Abschnitt 5.2 als konsensfähig eingeschätzten Reformbereich hinausgehen, erneut und in Breite zu thematisieren. Generell ist davon auszugehen, daß die Positionierung einzelner Vorschläge anhand der Annahmen in drei Dimensionen erfaßt werden kann:

Präferenzen: Wie wichtig ist das Ziel stabiler Finanzmärkte in Konkurrenz zu anderen Zielen?

Defizite: Wie schwerwiegend werden die derzeitigen Abweichungen von einem nicht näher spezifizierten Wohlfahrtsoptimum angesehen?

Handlungsspielraum: Wie weitgehend wird die Kooperationsbereitschaft auf internationaler Ebene eingeschätzt?

Dabei ist bedeutsam, daß jede der drei Dimensionen bindende restringierende Wirkung entfaltet. D.h. man kann erwarten, daß Reformvorschläge um so weitgehender sind, je größer eine Präferenz für Stabilität ausgeprägt ist, je größer die Abweichung vom wirtschaftlichen Optimum gesehen wird und je optimistischer die internationale Kooperationsbereitschaft eingeschätzt wird. Diese drei Dimensionen sind in Schaubild 10 graphisch als Achsen abgetragen. Anhand ihrer (impliziten) Annahmen lassen sich folglich verschiedene Reformkonzepte als Dreiecke einzeichnen. Dabei vergrößert sich mit zunehmendem Ausmaß der Änderungen die Fläche des Dreiecks, der Status Quo wird durch den Nukleus abgebildet.

Anders gewendet impliziert dies, daß Pessimismus hinsichtlich möglicher Bereitschaft, auf nationale Souveränität zu verzichten, kaum Spielraum für eine neue "Architektur" zuläßt. Nicht umsonst betrachtet Eichengreen (1999) diesen Punkt als absolut bindend in seiner Analyse. Es gibt genügend weitgehende Vorschläge, die keinerlei Aussicht auf Realisierung haben, da sie eine Übertragung von Rechten auf eine internationale Ebene voraussetzen, zu der die meisten Verantwortlichen derzeit, nicht zuletzt auch in den USA, nicht bereit sind.

Während die angeführten Reformvorschläge hinsichtlich der Präferenzen, Defizite und Handlungsspielräume unterschiedlich positioniert sind, erscheint es realistisch, unabhängig hiervon jeweils zwei Restriktionen zu beachten: nämlich eine hinsichtlich internationaler makroökonomischer Kooperation und eine weitere hinsichtlich der Stufenabfolge von Liberalisierungsschritten:

Es kann nicht deutlich genug betont werden, daß ein formalisiertes Zielzonenkonzept für Wechselkurse – wie tendenziell jede internationale Koordinierung der makroökonomischen Politik - die Bereitschaft erfordert, die nationale Makropolitik für ein außenwirtschaftliches Ziel einzusetzen und im Zweifelsfall eine binnenorientierte Stabilisierung hintenan zu stellen. Dies entspricht der Logik einer Währungsordnung, wie sie im Goldstandard funktionierte, aber heute auch aus politischen Gründen schwer vorstellbar erscheint.

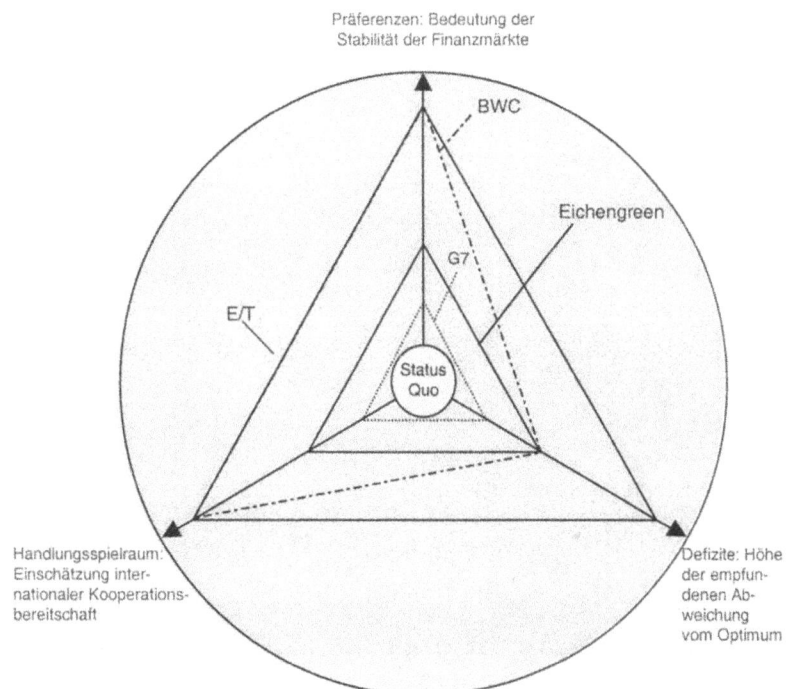

BWC= Bretton Woods Commission
E/T= Vorschlag von Eatwell und Taylor
Der G22-Vorschlag ist inhaltlich verwandt mit dem G7-Prozeß und daher nicht gesondert aufgeführt

Schaubild 10: Ordnung umfassender Reformvorschläge hinsichtlich ihrer Annahmen

Es wird anerkannt, daß Kapitalverkehrsliberalisierung nur funktionieren kann, wenn entsprechende funktionsfähige Finanzinstitutionen in den entsprechenden Ländern aufgebaut worden sind. Insofern kann die schnelle außenwirtschaftliche Liberalisierung der letzten 10-15 Jahre als durchaus problematisch angesehen werden. Folglich sollte man in den Schwellenländern die sehr restriktive Regulierung von Kapitalverkehr und Finanzsektor nicht übereilt abbauen, sondern die Binnenliberalisierung mit einer temporären außenwirtschaftlichen Regulierung begleiten.

6 Fazit und eigene Empfehlung

Die Untersuchung hat zunächst das Konzept der impossible trinity für die Währungsordnung und für die internationale Finanzordnung verwendet, um die gegenwärtige Situation zu beschreiben. Es ergibt sich, daß aufgrund der jeweiligen Unvereinbarkeit von jeweils drei Zielen stets Prioritäten zu setzen sind bzw. de facto gesetzt werden. Dies gilt sowohl in Bezug auf die Währungsordnung als auch in Bezug auf die Finanzordnung. Die heutige Währungsordnung zwischen den großen Handelswährungen ist durch flexible Wechselkurse gekennzeichnet, die den Zielen eines freien Kapitalverkehrs und geldpolitischer Autonomie dienen und das Ziel stabiler Wechselkurse in den Hintergrund rücken. Einzelne Länder können eine Präferenz für Wechselkursstabilität nur durchsetzen, wenn sie entweder den freien internationalen Kapitalverkehr opfern oder aber auf geldpolitische Autonomie verzichten. Die internationale Finanzordnung ist durch die Globalisierung der Kapitalmärkte und nationale Souveränität bezüglich der Finanzordnung gekennzeichnet. Auch hier stand bislang das Stabilitätsziel zurück.

Aus dem Konzept der impossible trinity folgt, daß die Entscheidung für eine bestimmte Ausgestaltung der Währungsordnung und der internationalen Finanzordnung letztlich von den Präferenzen für bestimmte Ziele abhängt.

Anschließend hat die Erörterung verschiedener Reformvorschläge zur internationalen Währungs- und Finanzordnung gezeigt, wie sich diese unter Verwendung der impossible trinity strukturieren lassen. Die Diskussion von fünf umfassenderen Reformskizzen verdeutlicht, daß sie unterschiedliche Zielpräferenzen implizieren. Dies bedeutet allerdings nicht, daß jeder einzelne Reformvorschlag als gleich sinnvoll einzustufen ist und letztlich ausschließlich Präferenzen über die Auswahl entscheiden. Vielmehr haben wir gezeigt, daß manche Vorschläge weniger sinnvoll sind, weil ihre Realisierungschancen nicht richtig eingeschätzt werden. Hierzu zählen zum Beispiel die Vorschläge zu einer Verminderung der Wechselkursflexibilität zwischen den großen Handelswährungen. Andere Vorschläge sind dagegen weniger sinnvoll, weil sie auf Annahmen über die Funktionsweise des Währungssystems basieren, die nicht haltbar sind. Hierzu zählt z.B. der Vorschlag einer Abschaffung des Internationalen

Währungsfonds in der Hoffnung, daß dann die Märkte selbst eine Krisenprävention vornehmen werden.

Auf Grundlage unserer Diskussion geben wir eine eigene Empfehlung einer Reformskizze ab. Sie umfaßt keine völlig neue internationale Finanzarchitektur, sondern stellt auf Verbesserungen im Rahmen der geltenden Ordnung ab. Dabei gehen wir davon aus, daß die internationale Kooperationsbereitschaft begrenzt ist, weil kein Konsens über die Notwendigkeit der Kooperation besteht. Wir gehen außerdem davon aus, daß eine höhere Stabilität auf den internationalen Finanzmärkten wünschenswert ist und nicht allein vom Markt selbst übernommen werden kann. Aus unserer Sicht empfehlen wir folgende Reformskizze:

I. Zur Stärkung der Stabilität der Finanzmärkte sollte eine stärkere internationale Vereinheitlichung der Finanzmarktregulierung (insbesondere der Bankenregulierung) erfolgen. Die Globalisierung der Finanzmärkte macht dies erforderlich, um die Gefahr von Bankenkrisen in weniger regulierten Volkswirtschaften zu vermindern. Bewußt schränkt dieser Vorschlag - wie das Konzept der impossible trinity für diesen Fall zeigt - die nationale Souveränität über die Finanzmarktregulierung ein. Eine Stärkung der internationalen vereinheitlichten Regulierung erachten wir nicht als Interventionismus, sondern als eine internationale Ordnungspolitik, die zum Ziel hat, Rahmenbedingungen zu setzen, unter denen die besten Marktergebnisse erzielt werden.

Zwar gibt es auf dem Gebiet der Bankenaufsicht erste Ansätze zur Harmonisierung, sie sind aber durch zwei wesentliche Nachteile gekennzeichnet. Zum einen basieren sie bisher auf dem Prinzip der Freiwilligkeit. Zum anderen haben sich diesem von der Bank für Internationalen Zahlungsausgleich koordinierten Prozess erst vergleichsweise wenige Länder angeschlossen. Hier sollten die Industrieländer durch Selbstverpflichtung mit gutem Beispiel vorangehen und entsprechende Standards untereinander verabreden und implementieren. Ein solches Vorgehen könnte auch auf andere Länder Druck entstehen lassen, sich diesen "internationalen" Standards anzuschließen.

Gleichzeitig sollten die zwischen den wesentlichen Industrieländern vereinbarten Standards in die Konditionalität des IWF eingehen. Eine weitere große internationale Institution ist hierfür nicht erforderlich. Das Forum für Finanzmarktstabilität könnte hier vorbereitende Arbeiten leisten, aber die Einbindung in die IWF-Konditionalität würde über den möglicherweise nicht genügend starken Marktdruck hinaus eine Umsetzung der Regulierungsabsprachen auch in anderen Ländern herbeiführen.

II. Eine Verbesserung der Transparenz von Daten und wirtschaftspolitischem Verhalten sollte angestrebt werden, auch wenn darin, wie wir ausgeführt haben, nicht die Hauptursache der jüngsten Währungs- und Finanzkrisen lag. Allgemein muß jedoch gelten, daß die für internationale Investitionen und Finanzanlage relevanten Daten zeitnah und möglichst genau vorliegen, um somit die besten Entscheidungen zu ermöglichen und ein optimales Funktionieren des Marktes zu gewährleisten.

III. Eine Verwendung von (starren) Frühwarnindikatoren als prinzipielle Handlungsgrundlage sollte nicht angestrebt werden. Alle bisher entwickelten Frühwarnindikatorsysteme haben eine schlechte "out-of-sample"-Prognosequalität. Von ihnen sind deshalb keine akzeptablen Prognosen zu erwarten. Bei Verwendung solcher Systeme besteht die Gefahr, daß man in bestimmten Situationen eine Krise zu bekämpfen sucht, die nie gekommen wäre, und gleichzeitig die wirklichen Krisen nicht frühzeitig genug erkennt. Besser ist es, konkrete Reformen in einigen Grundsätzen der Währungs- und Finanzordnung zu implementieren und kontinuierlich eine Vielzahl mikro- und makroökonomischer Variablen zu beobachten, die dann aber jeweils situationsbedingt hinsichtlich eines möglicherweise bestehenden wirtschaftspolitischen Handlungsbedarfs auszuwerten sind.

IV. Zielzonen zwischen den großen Handelswährungen sollten nicht eingeführt werden. Wie das Konzept der impossible trinity zeigt, implizieren Zielzonen die Aufgabe der geldpolitischen Autonomie. Es ist davon auszugehen, daß dies nicht den Präferenzen der betroffenen Volkswirtschaften entspricht. Gegen Zielzonen sprechen auch die erheblichen operationalen Probleme bei der Festsetzung, der Durchführung und der Anpassung eines solchen Währungssystems. Darüber hinaus zeigt gerade die jüngere Vergangenheit, daß Krisen sich bisher nicht in Systemen flexibler Wechselkurse, sondern gerade in Systemen fester Wechselkurse ergeben haben. Für die wichtigsten internationalen Währungen besteht daher zum System flexibler Wechselkurse derzeit keine Alternative, wenn man zwischen diesen keine Einschränkung des internationalen Kapitalverkehrs zulassen will. Für die anderen Währungen besteht die Wahl letztlich zwischen einem System flexibler Wechselkurse und einem System absolut glaubwürdiger gebundener Wechselkurse. Letzteres ist leichter entweder durch eine Währungsunion oder durch ein Currency Board als durch angekündigte Stufenflexibilität zu erreichen.

V. Von der generellen Einführung von Kapitalverkehrsbeschränkungen - z.B. in Form einer Tobin-Steuer - ist abzuraten. Sie erscheint schwer umsetzbar, weil nicht davon ausgegangen werden kann, daß sich eine genügend große Zahl von Ländern beteiligen, um eine Verlagerung des Devisenhandels in andere Länder auszuschließen. Schwieriger ist die Beurteilung von Kapitalverkehrskontrollen für einzelne Länder. Die empirischen Erfahrungen von Ländern, die in jüngerer Vergangenheit mit Kapitalverkehrsbeschränkungen die Anfälligkeit ihrer Währungssysteme zu vermindern versuchten, zeigen keine eindeutigen Erfolge auf. Tendenziell scheinen aber temporäre preisorientierte Regulierungen von Kapitalzuflüssen in Schwellenländern bedenkenswert. Darüber hinaus sollte Stabilität mit stabilitätsorientierter Makropolitik und entsprechenden Regulierungen der Finanzmarktaufsicht angestrebt werden.

VI. Der IWF sollte weder abgeschafft, noch in einen "international lender of last resort" umgewandelt werden. Auch wenn es in den Krisenländern, in denen der IWF tätig wurde, nicht immer zu der erhofften positiven wirtschaftlichen Entwicklung in einem entsprechenden Zeitraum kam, darf nicht voreilig geschlossen werden, daß dies die Konsequenz von Fehlern des IWF ist. Eine Abschaffung des IWF ist abzulehnen, weil das Risiko des Zusammenbruchs ganzer Finanzsysteme mit weitreichenden Auswirkungen auf die Finanzmärkte in anderen Volkswirtschaften nicht unterschätzt werden darf. Außerdem würde die Abschaffung des IWF ohne eine andere neue Institution einen Rückschritt in der internationalen Kooperation in die Zeit des 19. Jahrhunderts bedeuten. Eine "international-lender-of-last-resort"-Funktion sollte der IWF andererseits auch nicht übernehmen, weil dies die Gefahr des Moral Hazard deutlich erhöht und u.U. sogar als Krisenauslöser wirken kann. Insofern ist die Entscheidung über die Kompetenzen des IWF eine Gradwanderung zwischen mangelnder Koordinierung und Moral Hazard.

Auch wenn das Moral Hazard derzeit begrenzt erscheint, ist die weitere Ausdehnung der IWF-Finanzhilfen, wie sie bereits in jüngster Vergangenheit erfolgte, nicht unproblematisch. Hiermit hat sich der IWF zumindest teilweise in die Richtung des "lender of last resort" bewegt. Wir empfehlen daher einen eher restriktiven Umgang mit umfangreichen Kredithilfen und eine stärkere Fokusierung auf die Katalysatorfunktion für privates Kapital unter Einsatz begrenzter Ressourcen durch den IWF.

VII. Die Empfehlung einer Konzentration auf die Katalysatorfunktion läßt dem Privatsektor eine größere Verantwortung bei der Krisenbewältigung zukommen. Ein "bailing in" des Privatsektors erscheint zwar nicht zuletzt rechtlich schwierig und hat auch nur wenige Anhänger unter den Schuldnerländern, es wäre aber unter dem Aspekt der stärkeren Kostenbeteiligung des Privatsektors wünschenswert. Hier empfehlen wir, daß die Industrieländer einen Einbau von Kollektivklauseln bei ihren eigenen Bondsverträgen einbeziehen, so daß sich auch hier ein internationaler Standard ergibt, dem sich andere Länder dann immer schwieriger nur entziehen können.

Mit diesem Empfehlungskatalog gehen wir über die G7-Empfehlungen hinaus, bleiben aber von der Erfordernis internationaler Kooperation hinter weitreichenderen Vorschlägen wie z.B. denen von Eatwell und Taylor (1999) zurück. Von den in unserer Studie genauer betrachteten Reformskizzen sind unsere Empfehlungen am nächsten denen von Eichengreen. Im Konzept der impossible trinity des Weltfinanzsystems bewegen wir uns stärker in die Richtung einer Stabilisierung der Finanzmärkte unter Aufgabe der nationalen Souveränität. Im Konzept der impossible trinity der Währungsordnung sehen wir derzeit keine Alternative zu flexiblen Wechselkursen zwischen den großen Welthandelswährungen. Kleineren Ländern steht es allerdings frei, durch eine glaubwürdige Aufgabe der Autonomie der Geldpolitik eine stärkere Wechselkursfixierung zu wählen.

7 Abbildungs- und Tabellenverzeichnis

Schaubild 1: Währungsordnungen aufgrund von Zielpräferenzen 12

Schaubild 2: Weltfinanzordnungen aufgrund von Zielpräferenzen 17

Schaubild 3: Drei Dimensionen der Regulierungsvermeidung 34

Schaubild 4: Die institutionelle Struktur des Financial Stability Forum (FSF) 42

Schaubild 5: Regulierung des Kapitalverkehrs 64

Schaubild 6: Entwicklung von Wechselkurssystemen 1975-97 80

Schaubild 7: Relative Bedeutung der IWF-Kreditvergabe an alle Entwicklungsländer, 1974-1997 90

Schaubild 8: Einordnung umfassender Reformvorschläge in das Konzept der impossible trinity 105

Schaubild 9: Zur Verbindlichkeit des konsensfähigen Reformbedarfs 109

Schaubild 10: Ordnung umfassender Reformvorschläge hinsichtlich ihrer Annahmen 111

Tabelle 1: Ereignismatrix für Krisen und Krisensignale 25

Tabelle 2: Gütemaße für Frühwarnindikatoren im Vergleich 27

Tabelle 3: Die Regulierung wurde im Zeitablauf umfassender und "marktnäher" 45

Tabelle 4: Ausgewählte Maßnahmen der chilenischen Politik zum internationalen Kapitalverkehr 70

Tabelle 5: Überblick über ausgewählte empirische Studien zu Kapitalverkehrskontrollen (KVK) 73

Tabelle 6: Relative Bedeutung der IWF-Kreditvergabe an alle Entwicklungsländer (vH) 91

Tabelle 7: Reformvorschläge zur Internationalen Finanzarchitektur 104

8 Links

Stabile Weltfinanzen? Die Debatte um eine neue internationale Finanzarchitektur

http://www.whu.edu/vwl/Forschung/weltfinanz.htm

> Wir haben eine homepage zu diesem Buch eingerichtet, auf der erstens die unten aufgeführten Links gelegt sind, die zweitens Aktualisierungen und Berichtigungen enthält und auf der drittens Kommentare und Hinweise gegeben werden können, für die wir dankbar sind.

Bank für Internationalen Zahlungsausgleich

http://www.bis.org/publ/index.htm

> regelmäßige Veröffentlichungen: Annual Report, Quarterly Review, Central Bank Survey of Foreign Exchange and Derivatives Market Activity, Publikationen des Basel Committee on Banking Supervision sowie des Committee on the Global Financial System, Working Papers, Economic papers, Reports on the International Financial Architecture
>
> teilweise mehrsprachig (Englisch, Deutsch, Französisch, Italienisch), die meisten Quellen zum Download

Bundesaufsichtsamt für das Kreditwesen (BAKred)

http://www.bakred.de

> Deutsche Übersetzung ausgewählter Veröffentlichungen des Basler Ausschusses für Bankenaufsicht; Zusammenstellung aller veröffentlichten Schreiben zum Thema Finanzdienstleistungsinstitute; Jahresberichte; Reden des Präsidenten; Gesetze
>
> zum Download

Bundesaufsichtsamt für den Wertpapierhandel (BAWe)

http://www.bawe.de/

> Jahresberichte; Gesetze; Verordnungen; Leitfäden etc.; Pressemitteilungen; Literaturliste der Mitarbeiter
>
> Bis auf Veröffentlichungen der Mitarbeiter zum Download

Centre for Economic Policy Research

http://www.cepr.org

aktuelle Themenschwerpunkte u.a.: Global Financial Crisis and Asia ; EMU; European Financial Markets; Monetary Policy.

Englisch, kein Download möglich

Deutsche Bundesbank

http://www.bundesbank.de

Diskussionspapiere der volkswirtschaftlichen Forschungsgruppe der Deutschen Bundesbank, Veröffentlichung zur Europäischen Währungsunion;

meist in Deutsch und Englisch, zum Download

Europäische Zentralbank

http://www.ecb.int

Monats- und Jahresbericht, Informationen zur Europäischen Währungsunion, Working Papers

Englisch, zum Download

Financial Markets Center

http://www.fmcenter.org/fmc_superpage.asp?ID=132

FOMC (Federal Open Market Committee) Alert; Financial Markets and Society

Englisch, zum Download

Financial Stability Forum (FSF)

http://www.fsforum.org

bisher verfügbar: FSF Compendium of Standards; Pressemitteilungen

Reports noch nicht verfügbar (Stand 9.12.1999)

Friedrich-Ebert-Stiftung

http://www.fes.de/financialsystem

Publikationen zu den Themenbereichen: Finanzmärkte im Dienste der weltweiten Wohlstandsmehrung; Die Ursachen der Asienkrise; Die japanische Wirtschaftskrise; Die Folgen der Asienkrise; Die Debatte um einen neue internationale Finanzordnung;

Studien zur internationalen Finanzordnung (bisher erscheinen: Korea, Mexiko, Südafrika, Brasilien)

Teilweise zum Download

Homepage von Nouriel Roubini

http://www.stern.nyu.edu/~nroubini/asia/asiahomepage.html

Umfangreiche Sammlung von Manuskripten, die verschiedenste Aspekte von Währungskrisen behandeln, u.a. zu den Bereichen: Basic Readings and References; The Debate on Currency Boards, Other Episodes of Fixed Exchange Rate Collapse in the 1990s; The Debate on Fixed versus Flexible Exchange Rate Regimes; The Debate on the Asian Economic Miracle; The Debate on the Role of the IMF in the Crisis; The Role of Banks, Financial Fragility, Systemic Risk and Short-Term Capital Flows; What Causes Banking Crises, How to Prevent Them and What to Do Once They Occur?; Data and Reports on International Capital Flows; Rating Agencies: Why Did They Fail to Predict the Asian Crisis?

zum Download

Institute for International Economics

http://www.iie.com/CATALOG/toc.htm

Publikationen zu den Themenbereichen: Corruption ; Currencies and Exchange Rates; East Asia and the Pacific; Finance and Debt; Foreign Direct Investment; Global Financial Crises; Globalization; International Organizations; Latin America

Kein Download möglich

http://www.iie.com/CATALOG/WP/apecwp.htm

Working Papers u.a. zu folgenden Themenbereichen: Finance and Investment; Financial Crises; Japan; Korea

zum Download

International Finance & Commodities Institute (IFCI)

http://risk.ifci.ch/DocIndex/

"Risk Library": Links zu offiziellen Dokumenten zum Management von Finanzmarktrisiken

International Organisation of Securities Commissions (IOSCO)

http://www.iosco.org/iosco.html

Report on the International Regulation of Derivative Markets, Products and Financial

Intermediaries, Dezember 1996; Report on the Implementation of IOSCO Resolutions, September 1998; Joint Forum Consultation Documents: Mai, 1999; Annual Report

zum Download

Internationaler Währungsfonds

http://www.imf.org/external/map.htm

Informationen zum Aufbau und zur Arbeit des IWF, Stellungnahmen des IWF, World Economic and Financial Surveys, World Economic Outlook, International Capital Markets 1999, zusätzlich Staff Papers, Staff Country Reports, Working Papers; Suchmöglichkeit nach Titelstichwörtern gegeben, zum Download

Organisation für Wirtschaftliche Zusammenarbeit und Entwicklung (OECD)

http://www.oecd.org/eco/wp/onlinewp.htm

Working Papers

http://electrade.gfi.fr/cgi-bin/OECDBookShop.storefront/

OECD online bookshop

http://www.oecd.org/statlist.htm

OECD Statistiken

Weltbank

http://www.worldbank.org/research

Publikationen zu den Themenbereichen: Domestic Finance, International Economics, Macroeconomics & Growth

http://www.worldbank.org/html/extpb/index.htm

World Bank Annual Report, Development Report, Working Papers

teilweise zum Download

World Economy, Ecology & Development

http://www.weedbonn.org

Publikationen zu den Themen: Verschuldung; Finanzpolitik/-institutionen; Weltwirtschaft; Welthandel; Soziale Entwicklung;

Download teilweise möglich, sonst kostenpflichtige Bestellmöglichkeit

9 Literaturverzeichnis

Akhtar, M.A. (1995): Monetary Policy and Long-term Interest Rates: A Survey of Empirical Literature, Contemporary Economic Policy, Vol. 13, No. 3, S. 110-130.

Alesina, Alberto, Grilli, Vittorio und Gian Maria Milesi-Ferretti (1994): The Political Economy of Capital Controls, in: Leonardo Leiderman und Assaf Razin (eds.): *Capital Mobility: The Impact on Consumption, Investment and Growth*, S. 289-321.

Berg, Andrew und Catherine Pattillo (1998): Are Currency Crises Predictable? A Test, *IMF Working Paper*, WP/98/154, November.

Bergsten, C. Fred (1998a): How to Target Exchange Rates", *Financial Times* (20.11.1998).

---- (1998b): Missed Opportunity, *The International Economy*, Vol. 12, S. 26-27.

Bhattacharya, Sudipto, Boot, Arnoud W.A. und Anjan V. Thakor (1998): The Economics of Bank Regulation, *Journal of Money, Credit, and Banking*, Vol. 30, No. 4, S. 745-770.

BIS [Bank for International Settlements] (1998): *International Banking and Financial Market Developments*, August, Basle.

Blecker, Robert A. (1999): Tamining Global Finance, *Economic Policy Institute*, Washington, D.C.

Black, Fischer (1986), Noise, *Journal of Finance*, Vol. 41, No. 3, S. 529-543.

Blum, Jürg (1999): Do Capital Adequacy Requirements Reduce Risks in Banking? *Journal of Banking and Finance*, Vol. 23, S. 755-771.

Bretton Woods Commission (1994): *Bretton Woods: Looking to the Future*, Washington, D.C.

Buira, Ariel (1999): *An Alternative Approach to Financial Crises*, Essays in International Finance No. 212, International Finance Section, Department of Economics, Princeton University, New Jersey.

Calomiris, Charles (1998): *Blueprints for a New Global Financial Architecture*, Columbia University, New York

Camdessus, Michel (1999): Report of the Managing Director to the Interim Committee on Progress in Strengthening the Architecture of the International Financial System, Washington, D.C.: IMF, 26.4.1999.

Caprio und Klingebiel (1996): Bank Insolvencies: Cross Country Experience, *Policy Research Working Papers*, 1620, Washington D.C., World Bank, Policy Research Department, Finance and Private Sector Development Division.

Cárdenas, Mauricio und Felipe Barrera (1997): On the Effectiveness of Capital Controls: The Experience of Columbia During the 1990s, *Journal of Development Economics*, Vol. 54, S. 27-57.

Chote, Robert, (1998): Financial Crises: The Lessons of Asia, in: Financial Crises and Asia, *CEPR Conference Report* No. 6, S. 1-34.

Claassen, E.-M. (1985): The Lender-of-Last Resort Function in the Context of National and International Financial Crises, *Weltwirtschaftliches Archiv*, Vol. 121, S. 217-237.

Cline, William R. (1998): IMF-Supported Adjustment Programs in the East Asian Financial Crisis, Research Paper No. 98-1, Institute of International Finance, Washington, D.C.

Cooper, Richard N. (1998): Should Capital-Account Convertibility Be a World Objective, in: Peter B. Kenen (Hg.), S. 11-19.

---- (1999): Should Capital Controls Be Banished?, *Brookings Papers on Economic Activity*.

Crockett, Andrew (1996): The Theory and Practice of Financial Stability, *De Economist*, Vol. 144, No. 4, S. 531-568.

Demirgüc-Kunt, Asli und Enrica Detragiache (1998), The Determinants of Banking Crises in Developing and Developed Countries, *IMF Staff Papers*, Vol. 45, No. 1, S. 81-109.

Deutsche Bundesbank (1996): Finanzmarktvolatilität und ihre Auswirkungen auf die Geldpolitik, *Deutschen Bundesbank Monatsbericht*, Bd. 48, H. 4, S. 53-70.

---- (1998a): Der neue Grundsatz I, *Deutsche Bundesbank Monatsbericht*, Bd. 50, H. 5, S. 67-76.

---- (1998b): Bankinterne Risikosteuerungsmodelle und deren bankaufsichtkliche Eignung, *Deutsche Bundesbank Monatsbericht*, Bd. 50, H. 10, S. 69-84.

Diehl, Markus und Erich Gundlach (1999): Capital Mobility and Growth, *Economics Letters*, Vol. 62, S. 131-133.

Dooley, Michael P. (1996): A Survey of Literature on Controls over International Capital Transactions, *IMF Staff Papers*, Vol. 43, No. 4, S. 639-687.

Eatwell, John und Lance Taylor (1999): Towards an Effective Regulation of International Capital Markets, *Internationale Politik und Gesellschaft*, 3/1999, S. 279-286.

Edwards, Sebastian (1998): Abolish the IMF, *Financial Times* (13.11.98).

Eichengreen, Barry (1999): *Toward a New International Financial Architecture*, A Practical Post-Asia Agenda, Washington, D.C.: Institute for International Economics.

-- und Michael Mussa, mit Giovanni Dell'Ariccia, Enrica Detragiache, Gian Maria Milesi-Ferretti und Andrew Tweedie (1998): Capital Account Liberalization: Theoretical and Practical Aspects, *IMF Occasional Paper* 172, Washington, D.C.

-- und Andrew K. Rose (1998): Staying Afloat when the Wind Shifts: External Factors and Emerging-Market Banking Crisis, *CEPR Discussion Paper* No. 1828, London.

-- Andrew Rose und Charles Wyplosz (1997): Contagious Currency Crises: First Tests. *Scandinavian Journal of Economics*, 98, S. 1-22.

Federal Reserve Bank of New York (1998): Conference Proceedings, *Economic Policy Review*, Vol. 4, No. 3.

Filc, Wolfgang (1998): Mehr Wirtschaftswachstum durch gestaltete Finanzmärkte. Nationaler Verhaltenskodex und Internationale Kooperation, *Internationale Politik und Gesellschaft*, 1/1998, S. 22-38.

---- (1999): Aufgaben der Wirtschaftspolitik zur Förderung der Effizienz des internationalen Finanzsystems, Manuskript.

Fischer, Stanley (1999): On the Need of an International Lender of Last Resort, http://www.imf.org/external/np/1999/010399.htm.

Flood, Robert P. und Andrew K. Rose (1995): Fixing Exchange Rates, A Virtual Quest for Fundamentals, *Journal of Monetary Economics*, Vol. 36, S. 3-37.

Fratzscher, Marcel (1998): Why Are Currency Crises Contagious? A Comparison of the Latin American Crisis of 1994-95 and the Asian Crisis of 1997-98, *Weltwirtschaftliches Archiv*, Vol. 134, No. 4, S. 664-691.

Frankel, Jeffrey und Andrew K. Rose (1996): Currency Crashes in Emerging Markets: An Empirical Treatment, *Journal of International Economics*, Vol. 4, S. 351-366.

Frenkel, Michael (1998): Controversies on Flexible Exchange Rates, in: Helmut Wagner (Hg.): *Current Issues in Monetary Economics*, Heidelberg: Physica, S. 177-241.

G7 [G7 Finanzminister und Notenbankgouverneure](1998): Erklärung vom 30. Oktober 1998, in: *Deutsche Bundesbank Auszüge aus Presseartikeln*, Nr. 65, 2.11.1998.

---- (1999a): Communiqué of G-7 Finance Ministers and Central Bank Governors, Petersberg, Bonn, in: *Deutsche Bundesbank Auszüge aus Presseartikeln*, Nr. 13, 26.2., S. 7-10.

---- (1999b): Dokumente zum Kölner Gipfel, mimeo.

G22 (1998): G-22 Reports on Global Financial Architecture Reform (Summary of Reports), www.usconsulate.org.hk/gf/1998.

Garcia, Márcio und Alexandre Barcinski (1998): Capital Flows to Brazil in the Nineties: Macroeconomic Aspects and the Effectiveness of Capital Controls, *Quarterly Review of Economics and Finance*, Vol. 38, S. 319-357.

Gehrig, Thomas (1995): Capital Adequacy Rules: Implications for Banks' Risk-Taking, *Swiss Journal of Economics and Statistics*, Vol. 131, S. 747-764.

Giannini, Curzio (1999), Enemy of None But a Common Friend of All? – An International Perspective on the Lender-of-Last-Resort Function, Essays in International Finance, No. 214, International Finance Section, Princeton University, Princeton.

Goodhart, Charles A.E. (1987): Why Do Banks Need a Central Bank?, *Oxford Economic Papers*, Vol. 39, S. 75-89.

--- (1996): An Incentive Structure for Financial Regulation, mimeo, London School of Economics.

-- und Dirk Schoenmaker (1995): Should the Functions of Monetary Policy and Banking Supervision be Separated? *Oxford Economic Papers*, Vol. 47, No. 4, S. 539-560.

Griffith-Jones, Stefanie (1999): A New Financial Architecture for Reducing Risks and Severity of Crises, *Internationale Politik und Gesellschaft*, 3/1999, S. 263-278.

Grilli, Vittorio und Milesi-Ferretti, Gian Maria (1995): Economic Effects and Structural Determinants of Capital Controls, *IMF Staff Papers*, Vol. 42, S. 517-551.

Gruben, William C. und Darryl McLeod (1998): Capital Flows, Savings and Growth in the 1990s, *The Quarterly Review of Economics and Finance*, Vol. 38, S. 287-302.

Haq, Mahbub ul, Inge Kaul und Isabelle Grunberg (Hg.)(1996): *The Tobin Tax, Coping with Financial Volatility*, Oxford et al.: Oxford University Press.

Hardy, Daniel C. und Ceyla Pazarbasioglou (1998): Leading Indicators of Banking Crises: Was Asia Different?, *IMF Working Paper*, WP/98/91, June.

Hartmann-Wendels, Thomas, Andreas Pfingsten und Martin Weber (1999): *Bankbetriebslehre*, Berlin et al.: Springer, 2. Aufl.

Hayek, Friedrich August von (1975): Die Anmaßung von Wissen, *ORDO*, Bd. 26, S. 12-21.

Hellwig, Martin (1998): Systemische Risiken im Finanzsektor, in: Dieter Duwendag (Hg.): *Finanzmärkte im Spannungsfeld von Globalisierung, Regulierung und Geldpolitik*, Schriften des Vereins für Socialpolitik N.F. Bd.261, S. 123-151.

---- (1999): Banking and Finance at the End of the Twentieth Century, *Scandinavian Journal of Economics*, erscheint demnächst.

IMF [International Monetary Fund] (1998): *International Capital Markets Survey*, Washington, D.C.

---- (1999a): *IMF-Supported Programs in Indonesia, Korea and Thailand:* A Preliminary Assessment, Washington, D.C., http://www.imf.org/external/pubs/ft/op/opasia.htm

---- (1999b): Communiqué of the Interim Committee of the Board of Governors of the International Monetary Fund, in: Deutsche Bundesbank Auszüge aus Presseartikeln, Nr. 27, 28.4.1999, S. 1-8.

---- (1999c): *Involving the Private Sector in Forestalling and Resolving Financial Crieses,* Washington, D.C.

---- (1999d), *Jahresbericht*, Washington, D.C.

---- (1999e): *World Economic Outlook*, Washington, D.C., May.

Institute of International Finance (1999): Involving the Private Sector in the Resolution of Financial Crises in Emerging Markets, Washington D.C.

Jochimsen, Reimut (1997): Eher Schiedsrichter als Störenfried: internationale Finanzmärkte und nationale Wirtschaftspolitik, *Internationale Politik und Gesellschaft*, 4/1997, S. 399-411.

Johnston, R. Barry und Chris Ryan (1994): The Impact of Controls on Capital Movements on the Private Capital Accounts of Countries Balance of Payments: Empirical Estimates and Policy Implications, *IMF Working Paper 94/78*, Washington, D.C.

Kaminsky, Graciela, Lizondo, Saul und Carmen M. Reinhart (1998): Leading Indicators of Currency Crises, *IMF Staff Papers*, Vol. 45, No. 1, S. 1-48.

Kaminsky, Graciela L. und Carmen M. Reinhart (1999): The Twin Crises: The Causes of Banking and Balance-of-Payments Problems, *American Economic Review*, Vol. 89, No. 3, S. 473-500.

Kenen, Peter B. (1998)(ed.): Should the IMF Pursue Capital-Account Convertibility?, Princeton Essays in International Finance No.207.

Kirchgässner, Gebhard und Jürgen Wolters (1993): Does the DM Dominate the Euro Market? An Empirical Investigation, *Review of Economics and Statistics*, Vol. 75, No. 4, S. 773-778.

Krueger, Anne O. (1998): Whither the World Bank and the IMF?, *Journal of Economic Literature*, Vol. 36, S. 1983-2020.

Krugman, Paul R. (1991): Target Zones and Exchange Rate Dynamics, *Quarterly Journal of Economics*, Vol. 106, S. 669-682.

Meister, Edgar (1999): Bankenaufsicht im Zeitalter der Globalisierung, *Deutsche Bundesbank Auszüge aus Presseartikeln*, Nr. 9, 11.2.1999, S. 1-4.

Melitz, Jacques (1994): Comment on the Tobin Tax, Paper presented at Conference of Globalization of Markets CIDEI, Università di Roma "La Spienza", October 27-28.

Menkhoff, Lukas (1997): Steuerung der Zinsen bei globalen Finanzmärkten?, in: Bernhard Gahlen, Helmut Hesse und Hans-Jürgen Ramser (Hg.): *Finanzmärkte*, Schriftenreihe des Wirtschaftswissenschaftlichen Seminars Ottobeuren, Vol. 26, Tübingen: Mohr, S. 299-322.

---- und Jochen Michaelis (1995): Ist die Tobin-Steuer tatsächlich tot?, *Jahrbuch für Wirtschaftswissenschaften*, Bd. 46, S. 34-54.

Menkhoff, Lukas und Norbert Tolksdorf (1999): *Finanzmärkte in der Krise? Zur Hypothese einer Abkoppelung der Finanzmärkte von der Realwirtschaft*, Stuttgart: Deutscher Sparkassenverlag.

Miller, Victoria (1998): The Double Drain with a Cross-Border Twist: More on the Relationship Between Banking and Currency Crises, *American Economic Review*, Vol. 88, No. 2, S. 439-443.

Morris, Stephen und Hyun Song Shin (1998): Unique Equilibrium in a Model of Self-Fulfilling Currency Attacks, *American Economic Review*, Vol. 88, No. 3, S. 587-597.

Mussa, Michael und Miguel Savastano (1999): The IMF Approach to Economic Stabilization, International Monetary Fund, *IMF Working Paper*, WP/99/104.

Neiss, Hubert (1998): In Defense of the IMF's Emergency Role in East Asia, http://www.imf.org/external/np/1998/100998.htm (9. November)

Nellis, John (1999): Time to Rethink Privatization in Transition Economies?", International Finance Corporation, Discussion Paper No. 38.

Nunnenkamp, Peter (1999): The Moral Hazard of IMF Lending: Making a Fuss about a Minor Problem?, Kieler Diskussionsbeitrag Nr. 332, Institut für Weltwirtschaft, Kiel.

Obstfeld, Maurice (1996): Models of Currency Crises with Self-Fulfilling Features, *European Economic Review*, Vol. 40, No. 3-5, S. 1037-1047.

Quinn, Dennis (1997): The Correlates of Change in International Financial Regulation, *American Political Science Review*, Vol. 91, S. 531-551.

Radelet, Steven und Jeffrey D. Sachs (1998): The East Asian Financial Crisis: Diagnosis, Remedies, Prospects, in: *Brookings Papers on Economic Activity*, Nr. 1, S. 1-90.

Rodrik, Dani (1998): Who Needs Capital-Account Convertibility?, in: Peter B. Kenen (Hg.), S. 55-65.

Rogoff, Kenneth (1985): Can international monetary policy coordination be counterproductive? *Journal of International Economies*, 18, 3-4:199-217.

Rose, Andrew (1996): Explaining Exchange Rate Volatility: An Empirical Analysis of the "Holy Trinity" of Monetary Independence, Fixed Exchange Rates, and Capital Mobility, *Journal of International Money and Finance*, Vol. 15, No. 6, S. 925-945.

Sachs, Jeffrey (1999): Self-Inflicted Wounds, *The Financial Times*, 22.1.99.

Selgin, George A. und Lawrence H. White (1994): How Would the Invisible Hand Handle Money?, *Journal of Economic Literature*, Vol. 32, No. 4, S. 1718-1749.

Scharfstein, David S. und Jeremy C. Stein (1990): Herd Behavior and Investment, *American Economic Review*, Vol. 80, No. 3, S. 465-479.

Schnatz, Bernd (1998a): Makroökonomische Bestimmungsgründe von Währungsturbulenzen in "Emerging Markets", *Deutsche Bundesbank Diskussionspapier* 3/98, September.

---- (1998b): Asian Turbulences, mimeo.

Sell, Friedrich L. (1999): Zielzonen für die Wechselkurs- oder für die Geldpolitik?, *List Forum für Wirtschafts- und Finanzpolitik*, Bd. 25, S. 1-11.

Shleifer, Andrei und Lawrence H. Summers (1990): The Noise Trader Approach to Finance, *Journal of Economic Perspectives*, Vol. 4, No. 2, S. 19-33.

Shleifer, Andrei und Robert W. Vishny (1997): The Limits of Arbitrage, *Journal of Finance*, Vol. 52, S. 35-55.

Siebert, Horst (1999): Improving the World's Financial Architecture. The Role of the IMF, Kieler Diskussionsbeitrag Nr. 351, Institut für Weltwirtschaft, Kiel.

Soros, George (1998): *The Crisis of Global Capitalism*, New York.

Soto, Claudio (1997): Conroles a los Mimientos de Capital: Evaluación Empiríca dek Caso Chileno, unveröffentlichtes Paper, Santiago: Banco Central de Chile, zitiert nach IMF (1998), Annex IV.

Stiglitz, J.E. (1999): Reforming the Global Architecture: Lessons from Recent Crises, *Journal of Finance*, Vol. 54, S. 1508-1521.

Summers, Lawrence H. (1999): Reflections on Managing Global Integration, *Journal of Economic Perspectives*, Vol. 13, No. 2, S. 3-18.

Tietmeyer, Hans (1999a): Internationale Zusammenarbeit und Koordination auf dem Gebiet der Aufsicht und Überwachung des Finanzmarkts, *Deutsche Bundesbank Monatsbericht*, Vol. 51, No. 5, S. 5-14.

---- (1999b): Vorsorgen ist besser als heilen, *Deutsche Bundesbank Auszüge aus Presseartikeln*, Nr. 36, 27.5.1999, S. 1-2.

Tobin, James (1978): A Proposal for International Monetary Reform, *Eastern Economic Journal*, Vol. 4, S. 153-159.

Welteke, Ernst (1999): Aktuelle Probleme der Wirtschafts- und Geldpolitik, *Bundsbank Auszüge aus Presseartikeln*, Nr. 67, 14.10.1999, S. 1-4.

Williamson, John und Marcus H. Miller (1987): *Targets and Indicators: A Blueprint for the International Coordination of Economic Policy*, Institute for International Economics, Washington, D.C.

World Bank (1999): *Global Economic Prospects and the Developing Countries – Beyond Financial Crisis*, Washington D.C.

10 Sachverzeichnis

A

Abkoppelungshypothese	3
Absorption	77
adjusted noise-to-signal ratio	26
Aktienmarktcrash	5
Allokationsmechanismus	13
Angebotspolitik	78
Aufsicht	41
Ausfallrisiko	44
außenwirtschaftliche Regulierung	112

B

bailing in	94
bailing out	89
Bank für Internationalen Zahlungsausgleich (BIZ)	38
Bankenaufsicht	74
Bankenregulierung	35
Bankenrun	37
Besteuerung aller Devisentransaktionen	64
Bewertungseffizienz	5
Binnenliberalisierung	112
Bondsverträge	97
Bretton Woods Commission	102
Bretton-Woods-Systems	77
Bubbles	5

C

Cooke-Komitee	38

D

Deregulierung	61
Derivate	22
Devisenreserven	29

E

Eatwell/Taylor-Vorschlag	103
Eichengreen-Vorschlag	105
Eigenkapitalnormierung	38
Eigenkapitalregulierung	36
Einbindung des privaten Sektors	93
Einlagenversicherung	29
Europäische Währungssystem	1

F

Fehlerquote	27
Festkurssystem	81
Financial Stability Forum	35
finanzielle Globalisierung	16
Finanzintermediäre	35
Finanzmarktregulierung	21
Finanztechnologie	35

Floating	81
Fondsgesellschaften	22
Free banking	48
Frühwarnsysteme	21, 107
Fundamentals	14

G

G22-Berichte	106
G22-Gruppe	103
G7-Prozeß	106
Gütemaße	26

H

Handelspolitik	79
Hedge Funds	22
Herding	7

I

impossible trinity	10, 11, 12, 13, 15, 16, 17, 18, 19, 21, 24, 33, 51, 52, 57, 64, 80, 81, 82, 101, 105, 106, 113, 114, 115, 117
Informationslücken	23
international lender of last resort	52, 99
International Organization of Securities Commissions (IOSCO)	40
internationale Kooperation	51
Internationalen Währungsfonds	3
international-lender-of-last-resort	85
IWF	74, 108
IWF-Kreditfazilitäten	90

K

Kapitalverkehrsbeschränkungen	14
Kapitalverkehrsfreiheit	14
Kapitalverkehrskontrollen	51, 65, 66
Kapitalverkehrsliberalisierung	111
Kapitalverkehrsregulierungen	60, 107
Koordinierung	56
Kreditversicherungsagentur	98
Kreditwesengesetz	43
Krisensicherungsfonds	96

L

Länderrisiko	75
Leitkurs	56
lender of last resort	8, 81, 84
Leverage	22
Liberalisierungsschritte	110

M

Makrofundamentals	29
makroökonomische Koordinierung	21
Marktinnovationen	9
marktkonformes Instrument	11
Marktrisiken	44
Mélitz-Steuer	65, 66
Moral Hazard	75, 89
multiple Gleichgewichte	23

N

Nachfragepolitik	78
Narrow-banking	48
Noise Trading	7

O

optimaler Regulierungsgrad	33
ordnungspolitischer Rahmen	8

P

Preismechanismus	13
Principal-Agent-Konflikte	8
Prognosen	26
Prognostizierbarkeit	25

R

Rechtssicherheit	29
Regulierung	107
Regulierung von Finanzinstitutionen	17
Regulierungsarbitrage	45
Regulierungskosten	45
Risikobewertungsmodell	46

S

Sanktionsmöglichkeiten	42
Schuldenmoratorium	93
Signalisierung	48
Solvenz	36
spekulative Attacke	55, 72
Stabilisierungspolitik	8
Stabilität des Finanzsektors	8
Standards	41
systemisches Risiko	38
Systemwettbewerb	48

T

Tequilakrise	1
Tobin-Steuer	64
trade-offs	19
Transmissionskanäle	31
Transparenz	21, 107

U

umfassende Reformvorschläge	102, 112

V

Value-at-Risk-Ansätze (VaR)	22
Volatilität	5
volkswirtschaftliche Kosten	33

W

Wechselkurse	16
Wechselkurssystem	80
Wechselkursvolatilität	53
Wechselkurszielzonen	51, 52
Weltfinanzsystem	11
Welthandel	15
Weltwährungsordnung	11
Weltzinsniveau	30
Wohlfahrtszuwachs	13

World Financial Authority	100	Zielpräferenzen	19
		Zielzonen	52, 107

Z

		Zinsarbitrage	15
Zahlungsbilanzdefizit	77, 78	Zinsniveauänderungen	30
Zahlungsbilanzkrisen	51		
Zielharmonie	19		
Zielkonflikte	12		

GPSR Compliance

The European Union's (EU) General Product Safety Regulation (GPSR) is a set of rules that requires consumer products to be safe and our obligations to ensure this.

If you have any concerns about our products, you can contact us on

ProductSafety@springernature.com

In case Publisher is established outside the EU, the EU authorized representative is:

Springer Nature Customer Service Center GmbH
Europaplatz 3
69115 Heidelberg, Germany